北京好日子

木村奈津子・著

Web 発音ガイド→
https://beijinghaorizi.net/

白帝社

はじめに……中国語は外国語！

この教科書は、以下を目標として作成しました。

◇発音篇◇

　1、すべての発音を習得する

　2、発音のトレーニングと同時に、その音の漢字と意味を学ぶ

　3、頻度の高い単語を習得する

◇会話篇◇

　1、中国語で自分の日常を表現することを目指す

　2、講義のほかに、活動を通して、関連単語を学ぶ

　3、授業で学んだことを応用し、自分の言いたいことを表現する

中国語を学ぶ前に

　羽田空港から北京の首都国際空港までおよそ３時間、中国と日本は距離的にはとても近いといえます。しかしながら、私たちは中国についてどの程度、知っているといえるでしょうか？

　皆さんは、なぜ、中国語を学ぼうと思いましたか？　そのきっかけは何でしょう？　これから中国語を学ぶ皆さんは、中国語を学ぶと同時に、中国についての理解も深めていってください。同じ時を生きる日本と中国の人々が、ともに互いを知り、友情をはぐくみ、素敵な地球を作ってくれることを楽しみに、この教科書を作りました。

　明日は、皆さんの今日の一歩から始まります！！

発音篇

世界の中の中国◇世界の国々◇

亚洲（亞洲／亜細亜）	Yàzhōu	
欧洲（歐洲／欧州）	Ōuzhōu	
非洲（非洲／阿弗利加）	Fēizhōu	
中国（中國／中国）	Zhōngguó	
日本（日本／日本）	Rìběn	
韩国（韓國／韓国）	Hánguó	
俄罗斯（俄羅斯／露西亜）	Éluósī	
加拿大（加拿大／加奈陀）	Jiānádà	
美国（美國／米国）	Měiguó	
巴西（巴西／伯剌西爾）	Bāxī	
英国（英國／英国）	Yīngguó	
德国（德國／独逸）	Déguó	
西班牙（西班牙／西班牙）	Xībānyá	
意大利（意大利／伊太利亜）	Yìdàlì	
法国（法國／仏蘭西）	Fǎguó	

◇中国について◇

1、中国ってどんな国？

2、中国語ってどんな言葉？

3、あなたの目標

◇名前◇

1、あなたの日本語の名前

ふりがな	

2、あなたの名前を中国語の漢字にして、ピンインをふってみよう！

ピンイン	
簡体字	

3、あなたの先生の名前：

ピンイン	
簡体字	

4、あなたのお友達の名前：

ピンイン	
簡体字	

ピンイン	
簡体字	

ピンイン	
簡体字	

◇人称代名詞◇

わたし・あなた・彼・彼女・誰？（一人称・二人称・三人称）

	一人称	二人称	三人称		人間以外	疑問詞
			男	女		
単数形	我 wǒ	你 nǐ 您 nín	他 tā	她 tā	它 tā	谁 shuí shéi
複数形	wǒmen 我们	nǐmen 你们	tāmen 他们	tāmen 她们	tāmen 它们	

① 你姓什么？　　Nǐ xìng shénme?

② 我姓～。

③ 您贵姓？　　　Nín guìxìng？

④ 你叫什么名字？　Nǐ jiào shénme míngzi？

⑤ 我叫～。

⑥ 他叫什么名字？

1

◇中国とは◇

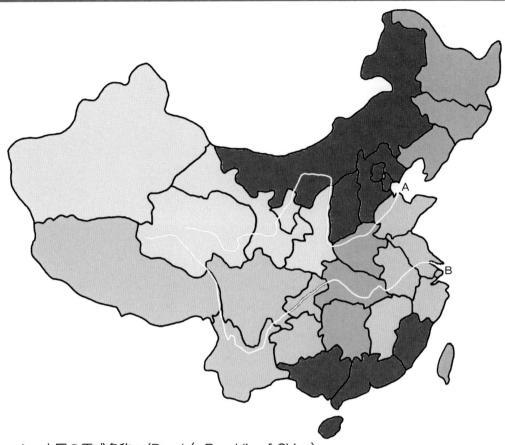

1、中国の正式名称：(People's Republic of China)

　　首都：　　　　　　　　（首都の場所を地図中に★マークしてみよう）

2、国土：（世界　　　　位）（日本の面積の約　　　　　倍）

　　2大河川：A（　　　　　　　）　B（　　　　　　　）

3、人口：　　億人（世界の人口：　　億人　）（日本の人口：　　　人）

4、民族の数：　　　　民族（最多民族：　　　　族、全体の約　　　％）

5、主要言語：

6、通貨：

7、国旗：

◇中国語（汉语 Hànyǔ）とは◇

・標準語＝普通话 (pǔtōnghuà) ⇔ 方言 (fāngyán)

・発音表記：ピンイン＝拼音字母 (pīnyīn zìmǔ)

・簡体字＝简体字 (jiǎntǐzì) ⇔ 繁体字＝繁体字 (fántǐzì)

　（日本の漢字：新字体 ⇔ 旧字体）

◇数字◇

yī	èr	sān	sì	wǔ	liù	qī	bā	jiǔ	shí
一	二	三	四	五	六	七	八	九	十

　一百　yì bǎi

＊1～100まで言ってみよう！

◇発音修得のめやす◇

□ピンインを正しく発音できる。

□中国語を聞いて、ピンインにできる。

□自分の名前をいうことができる。

□数字のピンインを書くことができ、正しく発音できる。

□基本単語のピンインを書くことができ、正しく発音できる。

§中国と中国語……

◇中国語の特徴◇

(1) 中国語の発音

中国語の標準語（普通话 pǔtōnghuà）には、四つの声調があり、これを四声という。声調とは、音の高低を示すもので、同じピンイン（拼音 pīnyīn）でも、四声の違いによって、意味が異なる。

(2) 中国語の四声

中国語の発音の第1のポイントは四声。その名の通り4つの声調のこと。

第一声：高く平らな音（地声の中で一番高い音）

第二声：急激に上がる音（ええっ！と驚いたときのイメージで）

第三声：低い音（地声の中で一番低い音）

第四声：急激に下がる音（高い音から一気に低い音に落ちるイメージで）

中国語の1音1音は、日本語と違い声調をもっている。声調のイメージは以下の通り。

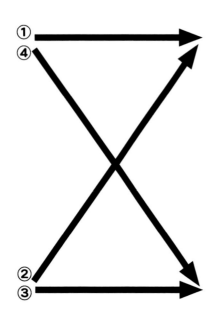

声調の高さは、人それぞれ異なるので、自分の音域をフル活用する際、第1声はできるだけ高く、第3声はできるだけ低くすることがポイント。第1声と第3声の高低差の幅で、第2声と第4声の出しやすさが変わってくる。

想像してみよう。

第1声と第3声の高低差がほとんどなかった場合、左図のように、どの音が第何声なのかほとんど区別がつかなくなる。

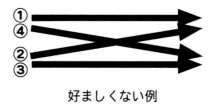

好ましくない例

10

＊声調には、四声の他に、声調のつかない「軽声」と呼ばれるものがある。（⇒軽声）

　例えば……「ma」
　　第一声：妈 mā　妈妈 māma（お母さん）
　　第二声：麻 má　麻婆豆腐 mápódòufu（中華料理：麻婆豆腐）
　　第三声：马 mǎ　斑马 bānmǎ（動物：しまうま）
　　第四声：骂 mà（動詞：罵る）　骂人 màrén（人を罵る）

☆绕口令 ràokǒulìng（早口言葉）

　　Māma qí mǎ, mǎ màn, māma mà mǎ.
① 妈妈 骑 马，马 慢，妈妈 骂 马。
　（お母さんが馬に乗ったら、馬がのろかったので、お母さんは馬を罵った。）

　　Xīngxing, kuài xǐngxing, kàn xīngxing !
② 猩猩， 快 醒醒， 看 星星！
　（オランウータン、はやく目を覚まして、ほら星を見て！）

(3) 声調符号の位置とつけかた
　声調符号は次のルールにしたがってつける。

　　① "a" があれば、必ず "**a**" につける。
　　② "a" がなければ、"**o**" か "**e**" につける。（ "o" と "e" が同時に現れることはない。）
　　③ "a"、"o"、"e" がなければ、"**u**""**i**" かにつける。
　　④ "ui"、"iu" の場合は、後ろにつける。（例）　uī　iū
　　⑤ "i" につけるときは、"i" の上の点をとってつける。（例）　ī　í　ǐ　ì

「a」 ＞ 「o」 ＞ 「e」 ＞ 「i」 と 「u」

	a	o	e	er	ai	ei	ao	ou	an	en	ang	eng	i	ia	ie	iao	iu (iou)
	a	o	e	er	ai	ei	ao	ou	an	en	ang	eng	yi	ya	ye	yao	you
b	ba	bo			bai	bei	bao		ban	ben	bang	beng	bi		bie	biao	
p	pa	po			pai	pei	pao	pou	pan	pen	pang	peng	pi		pie	piao	
m	ma	mo	me		mai	mei	mao	mou	man	men	mang	meng	mi		mie	miao	miu
f	fa	fo				fei		fou	fan	fen	fang	feng					
d	da		de		dai	dei	dao	dou	dan	den	dang	deng	di	dia	die	diao	diu
t	ta		te		tai		tao	tou	tan		tang	teng	ti		tie	tiao	
n	na		ne		nai	nei	nao	nou	nan	nen	nang	neng	ni		nie	niao	niu
l	la	lo	le		lai	lei	lao	lou	lan		lang	leng	li	lia	lie	liao	liu
g	ga		ge		gai	gei	gao	gou	gan	gen	gang	geng					
k	ka		ke		kai		kao	kou	kan	ken	kang	keng					
h	ha		he		hai	hei	hao	hou	han	hen	hang	heng					
j													ji	jia	jie	jiao	jiu
q													qi	qia	qie	qiao	qiu
x													xi	xia	xie	xiao	xiu
zh	zha		zhe		zhai	zhei	zhao	zhou	zhan	zhen	zhang	zheng	zhi				
ch	cha		che		chai		chao	chou	chan	chen	chang	cheng	chi				
sh	sha		she		shai	shei	shao	shou	shan	shen	shang	sheng	shi				
r			re				rao	rou	ran	ren	rang	reng	ri				
z	za		ze		zai	zei	zao	zou	zan	zen	zang	zeng	zi				
c	ca		ce		cai		cao	cou	can	cen	cang	ceng	ci				
s	sa		se		sai		sao	sou	san	sen	sang	seng	si				

ian	iang	in	ing	u	ua	uo	uai	ui (uei)	un (uen)	uan	uang	ong (ueng)	ü	üe	ün	üan	iong (üeng)
yan	yang	yin	ying	wu	wa	wo	wai	wei	wen	wan	wang	weng	yu	yue	yun	yuan	yong
bian		bin	bing	bu													
pian		pin	ping	pu													
mian		min	ming	mu													
				fu													
dian			ding	du		duo		dui	dun	duan		dong					
tian			ting	tu		tuo		tui	tun	tuan		tong					
nian	niang	nin	ning	nu		nuo				nuan		nong	nü	nüe			
lian	liang	lin	ling	lu		luo			lun	luan		long	lü	lüe			
				gu	gua	guo	guai	gui	gun	guan	guang	gong					
				ku	kua	kuo	kuai	kui	kun	kuan	kuang	kong					
				hu	hua	huo	huai	hui	hun	huan	huang	hong					
jian	jiang	jin	jing										ju	jue	jun	juan	jiong
qian	qiang	qin	qing										qu	que	qun	quan	qiong
xian	xiang	xin	xing										xu	xue	xun	xuan	xiong
				zhu	zhua	zhuo	zhuai	zhui	zhun	zhuan	zhuang	zhong					
				chu	chua	chuo	chuai	chui	chun	chuan	chuang	chong					
				shu	shua	shuo	shuai	shui	shun	shuan	shuang						
				ru		ruo		rui	run	ruan		rong					
				zu		zuo		zui	zun	zuan		zong					
				cu		cuo		cui	cun	cuan		cong					
				su		suo		sui	sun	suan		song					

Web 発音ガイド→
https://beijinghaorizi.net/

(1) 単母音

① **a** 日本語の「あ」よりも大きな口で

ā	á	ǎ	à
啊			

② **o** 日本語の「お」よりも唇を思いっきり突き出す

ō	ó	ǒ	ò

③ **e** 「い」の口で「う」という

ē	é	ě	è
	俄鹅	恶	饿

④ **i** 口を横にギューッと引っぱった「い」

	yī	yí	yǐ	yì
子音+	-ī	-í	-ǐ	-ì
	一医衣伊		以	艺意易义

⑤ **u** 唇をいっぱいに突き出した「う」

wū	wú	wǔ	wù
子音＋（ｊｑｘ以外） -ū	-ú	-ǔ	-ù
乌		五午武舞	物务

⑥ **ü** 口笛を吹くときの口の形で「い」という、「ゆ」の口で「い」

ü	yū	yú	yǔ	yù
（ n- l- ）	-ǖ	-ǘ	-ǚ	-ǜ
（ j- q- x- ）	-ū	-ú	-ǔ	-ù
		鱼	雨语羽宇	玉预

そり舌母音

⑦ **er** 勢いをつけて「あ_ル」という

ēr	ér	ěr	èr
	儿	耳	二

§単母音……

□□練習問題□□

1、次の音を単独の場合の正しい表記にし、指示された声調をつけてみよう！

a	第一声　→	
o	第二声　→	
e	第三声　→	
i	第四声　→	
u	第一声　→	
ü	第二声　→	
er	第三声　→	
a	軽　声　→	

2、人称代名詞

単数形	簡体字	ピンイン	意味	複数形	簡体字	ピンイン	意味
一人称				一人称			
二人称				二人称			
二人称尊称				二人称尊称			
三人称（男）				三人称（男）			
三人称（女）				三人称（女）			
三人称（人以外）				三人称（人以外）			
疑問詞							

3、数字のピインを書いてみよう！

一		六	
二		七	
三		八	
四		九	
五		十	
100			

4、自分の名前を中国語とピインで書いてみよう！

5、AとBに適当な数字をいれて答えてみよう！

① A 加 (jiā) B 等于 (děngyú) 多少 (duōshao)？

② A 减 (jiǎn) B 等于 (děngyú) 多少 (duōshao)？

③ A 乘 (chéng) B 等于 (děngyú) 多少 (duōshao)？

④ A 除 (chú) B 等于 (děngyú) 多少 (duōshao)？

（2）複母音（ai ei ao ou an ang en eng）

① **ai**

āi	ái	ǎi	ài
		矮	爱

② **ei**

ēi	éi	ěi	èi

③ **ao**

āo	áo	ǎo	ào
			奥

④ **ou**

ōu	óu	ǒu	òu
欧			

3

⑤ an

ān	án	ǎn	àn
安			

☆案内、杏仁豆腐

⑥ ang

āng	áng	ǎng	àng

☆案外、あんかけごはん

⑦ en

ēn	én	ěn	èn

⑧ eng

ēng	éng	ěng	èng

【ポイント】1. 複母音は声調符号のついている母音を強く発音

2.（+n）と（+ng）の違い

3. ②ei と⑦en の「e」と⑧eng の「e」の違い

Web 発音ガイド→
https://beijinghaorizi.net/

（3）複母音（ia ie iao iou ian iang in ing）

⑨ **ia**

子音+

yā	yá	yǎ	yà
-iā	-iá	-iǎ	-ià
压鸭	牙		亚

⑩ **ie**

子音+

yē	yé	yě	yè
-iē	-ié	-iě	-iè
	爷	也野	叶业夜页

⑪ **iao**

子音+

yāo	yáo	yǎo	yào
-iāo	-iáo	-iǎo	-iào
腰			要药

⑫ **iu**

子音+

yōu	yóu	yǒu	yòu
-iū	-iú	-iǔ	-iù
优	由邮油游	有友	又右

⑬ **ian**

子音+

yān	yán	yǎn	yàn
-iān	-ián	-iǎn	-iàn
烟	言研颜盐	眼演	

⑭ **iang**

子音+

yāng	yáng	yǎng	yàng
-iāng	-iáng	-iǎng	-iàng
央	羊洋阳	养	样

⑮ **in**

子音+

yīn	yín	yǐn	yìn
-īn	-ín	-ǐn	-ìn
因音	银	饮	印

⑯ **ing**

子音+

yīng	yíng	yǐng	yìng
-īng	-íng	-ǐng	-ìng
英应	迎	影	

【ポイント】 1.「i」の口の形
　　　　　　2. ⑬ ian（yan）

（4）複母音（ua uo uai ui uan uang uen(un) ueng(ong)）

⑰ **ua**
子音+

wā	wá	wǎ	wà
-uā	-uá	-uǎ	-uà

⑱ **uo**
子音+

wō	wó	wǒ	wò
-uō	-uó	-uǒ	-uò
		我	

⑲ **uai**
子音+

wāi	wái	wǎi	wài
-uāi	-uái	-uǎi	-uài
			外

⑳ **uei**
子音+

wēi	wéi	wěi	wèi
-uī	-uí	-uǐ	-uì
危微			为卫位

㉑ **uan**

子音+

wān	wán	wǎn	wàn
-uān	-uán	-uǎn	-uàn
	完玩	晚	万

㉒ **uang**

子音+

wāng	wáng	wǎng	wàng
-uāng	-uáng	-uǎng	-uàng
	王	网	望忘

㉓ **uen**

子音+

wēn	wén	wěn	wèn
-ūn	-ún	-ǔn	-ùn
	文		问

㉔ **ueng**

子音+

wēng	wéng	wěng	wèng
-ōng	-óng	-ǒng	-òng

【ポイント】1.「u」の口の形
　　　　　　2. ㉒ uei と ㉓ uen の「e」と ㉙ ueng の「e」の違い

(5) 複母音 （üe üan ün üeng(iong)）

㉕ **üe**

yuē	yué	yuě	yuè
-üē	-üé	-üě	-üè
-uē	-ué	-uě	-uè
约			月乐越

(n- l-)
(j- q- x-)

㉖ **üan**

yuān	yuán	yuǎn	yuàn
-uān	-uán	-uǎn	-uàn
	元园原	远	院

(j- q- x-)

㉗ **ün**

yūn	yún	yǔn	yùn
-ūn	-ún	-ǔn	-ùn
	云		运

(j- q- x-)

㉘ **üeng**

yōng	yóng	yǒng	yòng
-iōng	-ióng	-iǒng	-iòng
		永泳	用

(j- q- x-)

【ポイント】1.「ü」の口の形
　　　　　　2. ㉕ üe と ㉘ üeng
　　　　　　3. ㉖ üan （yuan）

(1) 子音（b p m f , d t n l）

b	bā	bái	bǎi	bàng	bēi
	八	白	百	棒	杯
	běn	bí	biàn	bìng	bù
	本	鼻	便变	病	不

*

p	pá	pái	pāng	pǎo	péng
	爬	排	乓	跑	朋
	pí	piào	piàn	pīng	pó
	啤	票漂	片	乒	婆

m	mā	mǎi	màn	máng	māo
	妈	买	慢	忙	猫
	měi	miàn	míng	mó	mǔ
	美每	面	明名	摩	母

f	fā	fǎ	fàn	fàng	fēi
	发	法	饭	放	非飞
	fēn	fēng	fǒu	fū	fù
	分	风丰	否	夫	父复

d	dà	dài	dān	dé	děng
	大	带	单	德	等
	dōng	dōu	dú	duì	duō
	东	都	读独	对	多

*

t	tā	tài	téng	tǐ	tiān
	他 她 它	泰	疼	体	天
	tiáo	tòng	tóu	tú	tuī
	条	痛	头	图	推

n	ná	nǎi	nán	néng	nǐ
	拿	奶	难 男 南	能	你
	nián	niǎo	niú	nuǎn	nǚ
	年	鸟	牛	暖	女

l	lái	lǎo	lèi	lěng	lì
	来	老	累	冷	历
	liào	líng	liù	lù	lǜ
	料	零	六	路	绿

(2) 子音 (g k h , j q x)

g	gāo	gē	gěi	gēn	gèng
	高	哥	给	跟	更
	gōng	gǒu	guān	guāng	guó
	公	狗	关	光	国

* **k**	kāi	kàn	kāng	kè	kōng
	开	看	康	课	空
	kǒu	kū	kuài	kuàng	kùn
	口	哭	快	矿	困

h	hái	hàn	hǎo	hào	hē
	还 孩	汉	好	好 号	喝
	hēi	hěn	hóng	huà	huān
	黑	很	红	化	欢

j	jǐ	jiā	jiān	jiàng	jiào
	几 己	家 加	间	酱	叫
	jiè	jīn	jīng	jú	jiǔ
	借	今	京 经	局	九
＊ q	qī	qiān	qiáo	qīn	qǐng
	七	千	桥	亲	请
	qióng	qiú	qù	quán	qún
	穷	球	去	全	群 裙
x	xī	xià	xiàn	xiào	xiè
	西	下	线	笑	谢
	xīn	xīng	xiōng	xiū	xué
	新	星	兄	休 修	学

4

(3) 子音 (zh ch sh r , z c s)

zh	zhāi	zhàn	zhāng	zhè	zhēn
	斋	站	张	这	真
	zhèng	zhì	zhōng	zhù	zhuō
	正 政	志 治	中	住	桌

* ch	chá	cháng	chē	chéng	chī
	茶 查	常	车	橙	吃
	chóng	chū	chuān	chuī	chūn
	虫	出	川	吹	春

sh	shàng	shéi	shēn	shēng	shī
	上	谁	身	生	师
	shǒu	shū	shuāng	shuǐ	shuō
	手	书	双	水	说

r	rán	ràng	rè	rén	rì
	然	让	热	人	日
	róng	ròu	rú	ruǎn	ruò
	容	肉	如	软	弱 若

Z	zá 杂	zài 在	zǎo 早	zé 则 泽	zǐ 子
	zǒng 总	zǒu 走	zú 足	zuì 最	zuò 坐 做

* C	cài 菜	cān 餐	cǎo 草	cè 厕	céng 层
	cì 次	cóng 从	cù 醋	cūn 村	cuò 错

S	sān 三	sǎo 扫	sè 色	sēn 森	sì 四
	sòng 送	sū 苏	suān 酸	suì 岁	sūn 孙

(1) 二音の組合せ

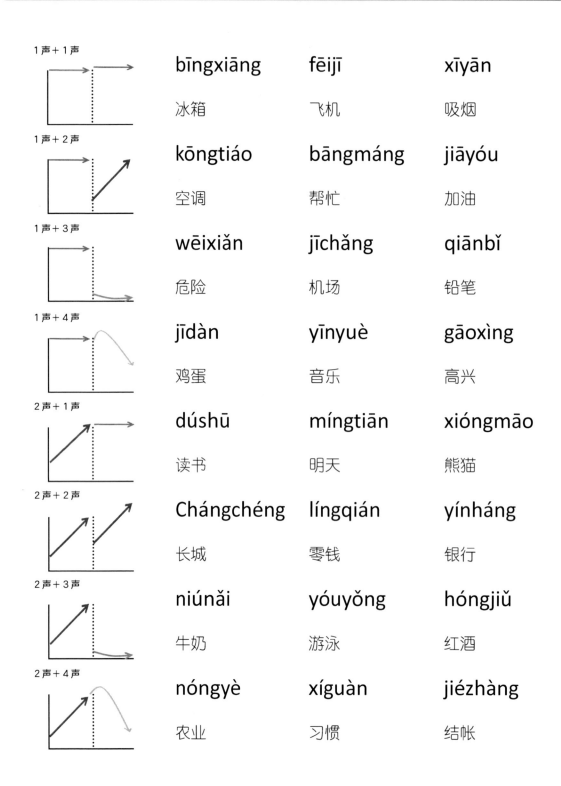

1声＋1声		
bīngxiāng	fēijī	xīyān
冰箱	飞机	吸烟
1声＋2声		
kōngtiáo	bāngmáng	jiāyóu
空调	帮忙	加油
1声＋3声		
wēixiǎn	jīchǎng	qiānbǐ
危险	机场	铅笔
1声＋4声		
jīdàn	yīnyuè	gāoxìng
鸡蛋	音乐	高兴
2声＋1声		
dúshū	míngtiān	xióngmāo
读书	明天	熊猫
2声＋2声		
Chángchéng	língqián	yínháng
长城	零钱	银行
2声＋3声		
niúnǎi	yóuyǒng	hóngjiǔ
牛奶	游泳	红酒
2声＋4声		
nóngyè	xíguàn	jiézhàng
农业	习惯	结帐

| 3声+1声 | shǒujī | lǎoshī | mǎidān |
| | 手机 | 老师 | 买单 |

| 3声+2声 | shuǐpíng | yǐqián | qǐchuáng |
| | 水平 | 以前 | 起床 |

| 3声+3声（→2声+3声） | biǎoyǎn | shuǐguǒ | yǔsǎn |
| | 表演 | 水果 | 雨伞 |

| 3声+4声 | kě'ài ☆ | bǐsài | miǎnfèi |
| | 可爱 | 比赛 | 免费 |

| 4声+1声 | càidān | dàjiā | qìchē |
| | 菜单 | 大家 | 汽车 |

| 4声+2声 | dìtú | tèbié | tuìfáng |
| | 地图 | 特别 | 退房 |

| 4声+3声 | bàozhǐ | cèsuǒ | diànnǎo |
| | 报纸 | 厕所 | 电脑 |

| 4声+4声 | àihào | diànhuà | hùzhào |
| | 爱好 | 电话 | 护照 |

☆隔音記号：西安 Xī'ān ／ 女儿 nǚ'ér

(2) 中国語発音の注意点

1、軽声

　中国語の標準語には「四声」、つまり、四つの声調があると学んできましたね。それぞれ、第一声、第二声、第三声、第四声ですね。実は、そのほかにもう一つ「軽声」と呼ばれる声調があります。「軽声」とは、二音以上の熟語などの時に、ピンインに声調が付かず、軽く読む、というものです。「軽声」になるのは、決まった単語なので、その法則を頭に入れておきましょう。

1声＋軽声	māma 妈妈	gēge 哥哥	Tiān ne! 天呢！
2声＋軽声	yéye 爷爷	Lái le! 来了！	Wán le! 完了！
3声＋軽声	jiějie 姐姐	nǎinai 奶奶	Zǒu ba! 走吧！
4声＋軽声	bàba 爸爸	yuèliang 月亮	Wàng le! 忘了！

（A）同じ漢字を重ねる時

親族関係	爸爸 bàba　　妈妈 māma　　哥哥 gēge 弟弟 dìdi　　姐姐 jiějie　　妹妹 mèimei
決まり文句	谢谢！Xièxie!（ありがとう！）
名詞	星星　xīngxing
動詞句	看看！Kànkan!　等等！Děngdeng!　＊同じ動詞を重ねる：ちょっと〜する

(B) 名詞句で"子"や"头"が末尾につく時

親族関係	妻子 qīzi　孩子 háizi　儿子 érzi
身体の名称	鼻子 bízi　脖子 bózi　肚子 dùzi
家具	桌子 zhuōzi　椅子 yǐzi
衣類	裤子 kùzi　裙子 qúnzi　袜子 wàzi　帽子 màozi
食べ物 食器など	饺子 jiǎozi　包子 bāozi　盘子 pánzi　勺子 sháozi　叉子 chāzi　筷子 kuàizi 木头 mùtou　石头 shítou　罐头 guàntou

(C) 文の終わりの語気助詞

吗？	疑問をあらわす語気助詞 「～ですか？」	你好吗？ Nǐ hǎo ma?
呢？	省略をあらわす疑問の語気助詞 「～は（どうですか）？」	你呢？　Nǐ ne?
吧！	勧誘・提案などをあらわす語気助詞 「～でしょう！」「～しましょう！」	走吧！　Zǒu ba!

(D) "的"「～の」

这是你的课本吗？	Zhè shì nǐ de kèběn ma?

(E) 単語の語尾の"儿"

在这儿。	Zài zhèr.

(F) 反復疑問文などの動詞や形容詞に挟まれた副詞や、補語となるもの

反復疑問形	好不好？	Hǎobuhǎo?	不　bu
補語	怪不得！	Guàibude!	得　de

§二音の組合せ、他……

2、変調

　中国語の大部分は、二音以上の熟語からなるといわれています。熟語になったときに、もともとの音が変化するものがあります。それを「変調」といいます。

　代表的なものに以下の二つがあります。辞書や教科書によっては、変調してあるものもありますが、音読するときに自分で変換しなければならないものもあります。いずれの場合でも、よどみなく中国語を読めるように、以下のきまりを覚えておきましょう。

不 bù	＋第一声		不 bù	不多	bù duō
	＋第二声			不行	bù xíng
	＋第三声	→		不好	bù hǎo
	＋第四声		不 bú	不错	búcuò

一 yī 一二三四五 星期一	＋第一声		一 yì	一天	yìtiān
	＋第二声			一头牛	yì tóu niú
	＋第三声	→		一起	yìqǐ
	＋第四声		一 yí	一样	yíyàng

3、3音の組合せ

Tiān'ānmén 天安门	xínglixiāng 行李箱	dǎ diànhuà 打电话
tíngchēchǎng 停车场	zǎocānquàn 早餐券	fàng shǔjià 放暑假
túshūguǎn 图书馆	zhàoxiàngjī 照相机	zhíwùyuán 植物园
xǐshǒujiān 洗手间	zìxíngchē 自行车	méi guānxi 没关系

4、いくつかの読み方のある漢字

多くの中国語は一つの漢字に一つの読み方をします。ただ、いくつかの漢字には、複数の声調や異なるピンインを持つものがあります。以下は、この教科書で出てくる単語です。

行	xíng	行く	流行 liúxíng ／ 旅行 lǚxíng
	háng	①ある種の営業機関	银行 yínháng
		②列や行を数える	请念从第 5 行到第 7 行。 Qǐng niàn cóng dì wǔ háng dào dì qī háng.
长	cháng	長い	万里长城 Wànlǐ Chángchéng ／ 长江 Chángjiāng
	zhǎng	育つ	长大了 Zhǎngdà le!
少	shǎo	少ない	少数民族 shǎoshù mínzú
	shào	年少	少年 shàonián
好	hǎo	良い	好多了 Hǎo duō le! ／ 你好！Nǐ hǎo!
	hào	好む	爱好 àihào

5、四字熟語の練習

shàng xià zuǒ yòu 上 下 左 右	
shàng xià qián hòu 上 下 前 后	
dōng nán xī běi 东 南 西 北	
suān tián kǔ là 酸 甜 苦 辣	
chūn xià qiū dōng 春 夏 秋 冬	

ま と め

◇子音 b p m f / d t n l　まとめ◇

1	鼻	11	風	21	難しい
2	8	12	大きい	22	男女
3	100	13	多い	23	鳥
4	走る	14	いずれも/全て(副詞)	24	南
5	チケット	15	待つ	25	年
6	美しい	16	東	26	暖かい
7	買う	17	空	27	来る
8	忙しい	18	痛い	28	6
9	遅い	19	頭	29	0
10	ごはん	20	あなた	30	みどり

◇子音 g k h / j q x　まとめ◇

1	いぬ	9	黒赤	17	1000
2	高い	10	飲む	18	どうぞ〜してください
3	授業	11	漢	19	貧しい
4	速い	12	〜という	20	学ぶ
5	泣く	13	9	21	笑う
6	見る	14	いくつ	22	線
7	眠い	15	行く		
8	よい	16	7		

◇子音 zh ch sh r / z c s　まとめ◇

1	中	3	住む	5	食べる
2	駅	4	これ	6	車

7	春
8	オレンジ
9	川
10	本
11	話す
12	手
13	水
14	日
15	誰

16	人
17	肉
18	熱い
19	早い
20	最も
21	足
22	歩く
23	座る
24	〜から

25	料理
26	間違う／間違え
27	回
28	酸っぱい
29	34
30	歳
31	色

◇二音の組み合わせ　まとめ◇

1	冷蔵庫
2	飛行機
3	喫煙
4	エアコン
5	がんばれ
6	手助けする
7	危険
8	空港
9	鉛筆
10	鶏の卵
11	音楽
12	嬉しい
13	読書する／勉強する
14	明日
15	パンダ
16	長城

17	小銭
18	銀行
19	牛乳
20	泳ぐ
21	ワイン
22	農業
23	習慣
24	会計する／お勘定する
25	携帯電話
26	先生
27	会計明細
28	レベル
29	以前
30	起床する
31	演じる
32	果物

33	雨傘
34	かわいい
35	試合
36	無料
37	メニュー
38	皆さん
39	車
40	地図
41	特別
42	チェックアウトする
43	新聞
44	便所
45	パソコン
46	趣味
47	電話
48	パスポート

まとめ

◇注意点　まとめ◇

1	来た！	22	靴下	43	一日
2	終わった！	23	帽子	44	一頭の牛
3	忘れた！	24	餃子	45	一緒に
4	月	25	中華まんじゅう	46	同じ
5	父	26	おさら	47	流行する
6	母	27	スプーン	48	旅行
7	兄	28	フォーク	49	銀行
8	弟	29	お箸	50	万里の長城
9	妹	30	棒切れ	51	長江
10	ありがとう！	31	いしっころ	52	大きくなった！
11	ちょっと見て！	32	缶詰	53	少数民族
12	妻	33	お元気ですか？	54	少年
13	こども	34	あなたは？	55	ずっとよくなった！
14	息子	35	行きましょう！	56	こんにちは！
15	鼻	36	ここにあります。	57	趣味
16	首	37	いいですか？	58	上下左右
17	おなか	38	道理で！	59	上下前後
18	机	39	多くない	60	東西南北
19	椅子	40	だめ	61	すっぱあまい苦い辛い
20	ズボン	41	よくない	62	春夏秋冬
21	スカート	42	すばらしい		

◇三音の組み合わせ　まとめ◇

1	天安門	5	朝食券	9	植物園
2	スーツケース	6	夏休みになる	10	トイレ
3	電話をかける	7	図書館	11	自転車
4	駐車場	8	カメラ	12	かまいません

会 話 篇

チェック！　□品詞　　　□人称代名詞　　□否定 "不"
　　　　　　□ "很"　　　□挨拶

第1課：いろいろな挨拶

01	你好！
02	你好吗？
03	谢谢！
04	不客气。
05	不好意思！
06	没事儿！
07	对不起！
08	没关系！
09	再见！
10	认识你很高兴。

新出単語

你 nǐ	代	あなた（二人称）
好 hǎo	形	よい，状態が良い（元気だ）
*你好 Nǐ hǎo.	句	挨拶 「こんにちは」の意
吗 ma	助	疑問の語気助詞。 ～ですか。文末に置く。
谢谢 Xièxie.	句	「ありがとう」
不 bù	副	否定をあらわす
客气 kèqi	動	遠慮する，気を遣う
*不客气 Bú kèqi.	句	遠慮しない 「どういたしまして」の意
意思 yìsi	名	気持ち
*不好意思 Bù hǎo yìsi.	句	恥ずかしい、気が引ける
没 méi	動	存在しない，ない
事 shì	名	事
*没事儿 méi shìr	句	大丈夫だ、平気だ、 大したことではない
*对不起 duìbuqǐ	句	謝罪の言葉 「申し訳ない」の意
关系 guānxi	名	かかわり、重要性
*没关系 méi guānxi	句	大丈夫だ、かまわない 「どういたしまして」の意
再见 zàijiàn	句	挨拶 「さようなら」の意
认识 rènshi	動	知っている，認識する
很 hěn	副	とても，たいへん，非常に
高兴 gāoxìng	形	嬉しい

01	Nǐ hǎo!
02	Nǐ hǎo ma?
03	Xièxie!
04	Bú kèqi.
05	Bù hǎo yìsi!
06	Méi shìr!
07	Duìbuqǐ!
08	Méi guānxi!
09	Zàijiàn!
10	Rènshi nǐ hěn gāoxìng.

01	こんにちは！
02	お元気ですか？
03	ありがとう！
04	どういたしまして。
05	すみません！
06	平気ですよ！
07	ごめんなさい！
08	大丈夫です！
09	さようなら！
10	お知り合いになれてうれしいです。

Web 発音ガイド→
http://beijinghaorizi.net/

要　点

▶ 1．中国語の品詞

名詞		

代名詞	人称代名詞	我 (wǒ)/ 你 (nǐ)/ 他 (tā)/ 她 (tā)/ 它 (tā)
	指示代名詞	这 (zhè)/ 那 (nà)/ 哪 (nǎ)
	場所代名詞	这儿 (zhèr)/ 那儿 (nàr)/ 哪儿 (nǎr)
	疑問詞	谁 (shuí·shéi)/ 什么 (shénme)/ 哪 (nǎ)/ 哪儿 (nǎr)

数詞		

量詞	名量詞	一本书 (yì běn shū)
	動量詞	去一次 (qù yí cì)

動詞	去 (qù) ⇔ 来 (lái)
形容詞	好 (hǎo) ⇔ 坏 (huài)
助動詞	能 (néng)/ 可以 (kěyǐ)/ 会 (huì)
副詞	很 (hěn)/ 都 (dōu)/ 不 (bù)/ 没 (méi)
前置詞	从 (cóng)/ 离 (lí)
接続詞	和 (hé)/ 跟 (gēn)

助詞	時態助詞	吃了 (chīle)/ 吃过 (chīguò)
	構造助詞	我的朋友 (wǒ de péngyou)
	語気助詞	啊 (a)/ 吗 (ma)/ 呢 (ne)/ 吧 (ba)/ 了 (le)

感嘆詞	啊 (ā)/ 哎呀 (āiyā)

▶　2．人称代名詞

	一人称		二人称		三人称			疑問形
	男	女	男	女	男	女	動物等	
単数形	我 (wǒ)		你 (nǐ)	妳 (nǐ)	他 (tā)	她 (tā)	它 (tā)	谁 (shéi/shuí)
尊称	—		您 (nín)		—			—
複数形	我们 (wǒmen) 咱们 (zánmen)		你们 (nǐmen)		他们 (tāmen)	她们 (tāmen)	它们 (tāmen)	—

▶　3．你 好 吗？　※ (形) の前には [副] をつける：[副] + (形)

你好吗？　　Nǐ hǎo ma?	我很好。　　Wǒ hěn hǎo. 我还好。　　Wǒ hái hǎo. 我不好。　　Wǒ bù hǎo.
你身体好吗？ Nǐ shēntǐ hǎo ma?	我身体～～。 Wǒ shēntǐ ～～.

▶　4．副詞：否定 " 不 "：意志・願望および性質・状態を打ち消す

不＋動詞　　　行為や判断を打ち消す　　　不客气！
不＋形容詞　　　性質や状態を打ち消す　　　不好。

> ★" 不 "：声調の特徴　→発音篇・変調 (p.36)
> 　不 (bú) ＋第四声　　　　　　　　　不客气！　　Bú kèqi！
> 　不 (bù) ＋第一声／第二声／第三声　不好意思。　Bù hǎo yìsi.
> 　動詞＋不 (bu) ＋補語　　　　　　　对不起！　　Duìbuqǐ.

▶　5．副詞 " 不 "" 很 "：副詞は主語の後、動詞・形容詞の前

我很好 (Wǒ hěn hǎo)。　　⇔　　　我不好 (Wǒ bù hǎo)。
我很不好 (Wǒ hěn bù hǎo)。　　　　很 (hěn) ＋ [　不 (bù) ＋好 (hǎo)　]
　　　　　　　　　　　　　　　　　不 (bù) ＋ [　很 (hěn) ＋好 (hǎo)　]

決まり文句

▶▶ 1. いろいろな挨拶

你好！ < 您好！ Nǐ hǎo! Nín hǎo!	你们好！ < 大家好！ Nǐmen hǎo! Dàjiā hǎo!	老师好！ Lǎoshī hǎo!
早上好！ Zǎoshang hǎo!	晚上好！ Wǎnshang hǎo!	晚安！ Wǎn'ān!

▶▶ 2. お元気ですか？

你好吗？ Nǐ hǎo ma?   <   您好吗？Nín hǎo ma?

他好吗？ Tā hǎo ma?

你爸爸妈妈都好吗？ Nǐ bàba māma dōu hǎo ma?

▶▶ 3. 「ありがとう」
▶▶ 4. 「どういたしまして」のいろいろな言い方

谢了！ / 谢谢！ < 谢谢你！ < 谢谢您！
Xiè le!   Xièxie!   Xièxie nǐ!   Xièxie nín!

好了！ / 没事儿！ / 不谢！ < 不用谢！ < 不客气！ < 应该的！
Hǎo le!   Méi shìr!   Bú xiè!   Búyòng xiè!   Bú kèqi !   Yīnggāi de!

▶▶ 5〜7 「すみません」「ごめんなさい」のいろいろ

不好意思！
Bù hǎo yìsi!

对不起！ < 实在对不起！ / 真抱歉！ / 请原谅！
Duìbuqǐ!   Shízài duìbuqǐ!   Zhēn bàoqiàn!   Qǐng yuánliàng!

▶▶ 8．「さようなら」のいろいろ

再见！ Zàijiàn!	一会儿见！ Yíhuìr jiàn!	回头见！　（回见！） Huítóu jiàn!(Huí jiàn!)
明天见！ Míngtiān jiàn!	下周见！ Xiàzhōu jiàn!	「気を付けてね！」你慢走！ 　　　　　　　　Nǐ màn zǒu!

▶▶ 9．お知り合いになれて、うれしいです！

认识你，很高兴！　　　　　＜　　认识您，我很高兴！
Rènshi nǐ ,hěn gāoxìng!　　　　　Rènshi nín, wǒ hěn gāoxìng!
认识你，我也很高兴！
Rènshi nǐ , wǒ yě hěn gāoxìng!

練習問題

▶▶▶ 1．入れ替え練習

1	你好！ ―― 〜好！	①您　　　②你们　　　③老师　　　④同学们　　　　　⑤大家 　Nín　　Nǐmen　　Lǎoshī　　Tóngxuémen　　Dàjiā
2	〜好！	①早上　　②晚上　　③新年　　④过年 Zǎoshang　Wǎnshang　Xīnnián　Guònián

基礎知識

★　中国人の愛称：　李：Lǐ

小 李 xiǎo Lǐ	老 李 lǎo Lǐ	李 哥 Lǐ gē	李 先生 Lǐ xiānsheng
李 夫人 Lǐ fūrén	李 太太 Lǐ tàitai	李 同学 Lǐ tóngxué	李 小姐 Lǐ xiǎojiě

2

チェック！　□文の構成　□名前の尋ね方・答え方　□"是"
[コラム] 苗字　[活動] いろいろな職業、国、ことば

第2課：名前、職業、国籍

11	初次见面！
12	老师，您贵姓？
13	你叫什么名字？
14	我姓王，叫王明。
15	你是学生吗？
16	他也是日本人吗？
17	不是，他是韩国人。
18	她是哪国人？
19	她会说汉语吗？
20	请多关照！

新出単語

初次 chūcì	副	はじめて
见面 jiànmiàn	動	会う
老师 lǎoshī	名	先生
贵 guì	一	尊敬語
姓 xìng	動	……という姓（苗字）です。
叫 jiào	動	……といいます。
什么 shénme	代	疑問詞　何
名字 míngzi	名	名前
我 wǒ	代	わたし（一人称）
王明 Wáng Míng	名	王明（なまえ）
是 shì	動	～だ、～である A＝B
学生 xuésheng	名	学生
也 yě	副	～も
日本人 Rìběnrén	名	日本人
他 tā	代	彼（三人称）
韩国人 Hánguórén	名	韓国人
她 tā	代	彼女（三人称）
哪 nǎ	代	どれ、どの
＊哪国人　nǎguó rén どこの国の人		
会 huì	助動	～できる
说 shuō	動	話す

11	Chūcì jiànmiàn!
12	Lǎoshī ,nín guìxìng?
13	Nǐ jiào shénme míngzi?
14	Wǒ xìng Wáng, jiào Wáng Míng.
15	Nǐ shì xuésheng ma?
16	Tā yě shì Rìběnrén ma?
17	Bú shì, tā shì Hánguórén.
18	Tā shì nǎguó rén?
19	Tā huì shuō Hànyǔ ma?
20	Qǐng duō guānzhào!

汉语 Hànyǔ	名	中国語
请 qǐng	動	どうぞ～してください
多 duō	形	多く、よく
关照 guānzhào	動	面倒を見る、世話をする

11	初めまして！
12	先生、お名前は何とおっしゃいますか？
13	あなたは何という名前ですか？（フルネームを尋ねる）
14	私は苗字を王といい、王明と申します。
15	あなたは学生ですか？
16	彼も日本人ですか？
17	いいえ、彼は韓国人です。
18	彼女はどこの国の方ですか？
19	彼女は中国語を話せますか？
20	よろしくお願いします！

Web 発音ガイド→
https://beijinghaoriai.net/

要 点

▶ 1．文の構成要素

主語（主语）	…… 名詞・代名詞	限定語（定语）
述語（谓语）	…… 動詞・形容詞など	補語（补语）
目的語（宾语）	…… 名詞・代名詞など	状況語（状语）

▶ 2．名前の尋ね方・答え方

	尋ね方	答え方
①苗字	你姓什么？ Nǐ xìng shénme?	我姓～。 Wǒ xìng ～.
②フルネーム	你叫什么名字？ Nǐ jiào shénme míngzi?	我叫～。 Wǒ jiào ～.
③丁寧な表現 （尊敬語）	您贵姓？　　＞　你贵姓？ Nín guìxìng?　　Nǐ guìxìng?	①と同じ

▶ 3．動詞"是" Ａ是Ｂ：ＡはＢである（Ａ＝Ｂ）

肯定文	我是学生。（我＝学生） Wǒ shì xuésheng.	
否定文	我不是学生。 Wǒ bú shì xuésheng.	＊動詞や形容詞の前に否定"不"を置くと否定文になる。
疑問文	你是学生吗？ Nǐ shì xuésheng ma?	疑問形① ＊肯定文の末尾に"吗？"を置くと疑問文になる。
	你是不是学生？ Nǐ shìbushì xuésheng?	疑問形②反復疑問文 ＊動詞の肯定形（"是"）＋否定形（"不是"）で疑問文になる。 【注意】末尾に"吗"をつけないこと

▶ 4．副詞 "也" A也B：AもBである

你也是高中生吗？　Nǐ yě shì gāozhōngshēng ma?

他们也都是老师吗？　Tāmen yě dōu shì lǎoshī ma?

▶ 5．助動詞 "会"：～できる

你会说日语吗？ Nǐ huì shuō Rìyǔ ma?	——我会说日语。　Wǒ huì shuō Rìyǔ. ——我不会说日语。Wǒ bú huì shuō Rìyǔ.

我会说一点儿。　Wǒ huì shuō yìdiǎnr.

她会说一点儿德语。　Tā huì shuō yìdiǎnr Déyǔ.

他一点儿英语也不会说。　Tā yìdiǎnr Yīngyǔ yě bú huì shuō.

決まり文句

▶▶ 1．始めまして！

初次见面！　Chūcì jiànmiàn!

▶▶ 2．名前の尋ね方

你姓什么？　　< 你贵姓？　　< 您贵姓？

Nǐ xìng shénme?　　Nǐ guìxìng?　　Nín guìxìng?

你叫什么名字？　Nǐ jiào shénme míngzi?

怎么称呼你？　Zěnme chēnghu nǐ?

▶▶ 3．どうぞよろしく！

请多关照！　Qǐng duō guānzhào!

请多指教！　Qǐng duō zhǐjiào!

練習問題

▶▶▶　1．入れ替え練習

1	～姓什么？	①你 ／ ②他 ／ ③她
2	～叫什么名字？	①你 ／ ②他 ／ ③她
3	我是～。	①学生 ／ ②小学生 ／ ③初中生 ／ ④高中生 xuésheng　xiǎoxuéshēng　chūzhōngshēng　gāozhōngshēng ⑤大学生 ／ ⑥留学生 ／ ⑦研究生 dàxuéshēng　liúxuéshēng　yánjiūshēng
4	我不是～。	①老师 ／ ②医生 ／ ③护士 ／ ④司机 ／ ⑤服务员 ／ ⑥小孩儿 lǎoshī　yīshēng　hùshi　sījī　fúwùyuán　xiǎoháir
5	她也是～吗？	①工人 ／ ②教授 ／ ③负责人 ／ ④空中小姐 gōngrén　jiàoshòu　fùzérén　kōngzhōng xiǎojiě
6	他会说～吗？	①法语 ／ ②德语 ／ ③英语 ／ ④韩语 Fǎyǔ　Déyǔ　Yīngyǔ　Hányǔ

▶▶▶　2．次の日本語を中国語にし、ピンインをつけてみよう！

①　はじめまして。私は～という名前です。

②　知り合えて、うれしいです。

③　どうぞよろしく。

④　私は～～ではなく、～～です。

⑤　私たちはみな～～です。

⑥　彼女も～～語を話すことができます。

⑦　彼は～～人で、～～です。彼は～～という名前です。

▶▶▶ 3．いろいろな身分・職業

表の下の語群からふさわしいものを選び空欄を埋めてみよう！

你是～吗?　Nǐ shì ～ ma? 你是不是～?　Nǐ shì ～ ma?	——是，我是～。 ——不是，我是～。

老师　　　学生　　　小学生　　　大学生　　　留学生　　初中生　　　高中生　　　工薪族

研究生　　医生　　工人　　　服务员　　　司机　　　护士　　　工程师　　老板

xiǎoxuéshēng chūzhōngshēng gōngrén hùshi liúxuéshēng gōngchéngshī gōngxīnzú sījī

dàxuéshēng fúwùyuán gāozhōngshēng lǎobǎn yīshēng xuésheng yánjiūshēng lǎoshī

日本語	中国語（簡体字）	ピンイン
教師		
学生		
小学生		
大学生		
中学生		
高校生		
大学院生		
留学生		
エンジニア		
看護師		
運転手		
店員		
医者		
労働者		
サラリーマン		
社長		

▶▶▶ 4．いろいろな国

表の下の語群からふさわしいものを選び空欄を埋めてみよう！

你是哪国人？	Nǐ shì nǎguó rén?	我是～。	Wǒ shì ～ .
你是～人吗？　Nǐ shì ～ rén ma? 你是不是～人？　Nǐ shìbushì ～ rén ma?		是，我是～。　Shì, wǒ shì ～ . 不是，我是～。Búshì, wǒ shì ～ .	
你会说～吗？　Nǐ huì shuō ～ ma? 你会不会说～？　Nǐ huìbuhuì shuō ～ ?		我会说～。　Wǒ huì shuō ～ . 我不会说～。　Wǒ bú huì shuō ～ .	

美国　　泰国　　韩国　　德国　　法国　　西班牙　　加拿大
印度　　日本　　中国　　汉　　英　　{　　人　・　语　　}
Hàn　Yīng　Rìběn　Zhōngguó　Déguó　Fǎguó　Měiguó　Xībānyá
Hánguó　　Yìndù　　Tàiguó　　Jiānádà　　{　～rén　・　～yǔ　}

日本語	～人	～語
	ピンイン	ピンイン
日本		
中国		
韓国		
アメリカ		
ドイツ		
フランス		
カナダ		

スペイン		
タイ		
インド		

コラム

★　日本人の苗字、中国人の苗字

　「张王李赵 , 遍地刘 (Zhāng Wáng Lǐ Zhào,biāndì Liú)」と言われているように、中国に多い姓は『百家姓』という本に詳しく載っている。「中国通信社 news」によると、一番多いのは、王 (王 Wáng) と李 (李 Lǐ) (いずれも 9000 万人以上) で、ほかに、2000万人以上いる姓は、張 (张 Zhāng)、劉 (刘 Liú)、陳 (陈 Chén)、楊 (杨 Yáng)、黄 (黄 Huáng)、趙 (赵 Zhào)、呉 (吴 Wú)、周 (周 Zhōu) であるという。中国では、上位 100位までの姓で人口のおよそ 80%を占める、ともいわれている。また、中国政府が 2007年に発表した中国姓はおよそ 4700 種類であるという。さらに、中国の複姓（2 文字の姓では、司馬（司马 Sīmǎ）、欧陽（欧阳 Ōuyáng）、諸葛（诸葛 Zhūgě）など）で、3 文字以上の姓（愛新覚羅（爱新觉罗 Àixīnjuéluó）など）の多くは少数民族だともいわれている。

　一方で、日本の苗字は、およそ 30 万種類だといわれている。アメリカ（約 100 万種類）についで、苗字は世界で第二に多いとも。以下、日本で多い苗字で上位のものを中国語の簡体字とピンインで紹介する。

鈴木 (铃木 Língmù)　　　　佐藤 (佐藤 Zuǒténg)

高橋 (高桥 Gāoqiáo)　　　　田中 (田中 Tiánzhōng)

渡辺 (渡边 Dùbiān)　　　　伊藤 (伊藤 Yīténg)

山本 (山本 Shānběn)　　　　中村 (中村 Zhōngcūn)

小林 (小林 Xiǎolín)　　　　斉藤 (齐藤 Qíténg)・斎藤 (斋藤 Zhāiténg)

チェック！

□指示代名詞　　□ "的"　□ "呢"　□場所代名詞
□ "什么"　□副詞　　［文法］疑問形
［活動］どんな色？　　［コラム］中国の色

第3課：代名詞と色

21	这是你的课本吗？
22	不是我的。
23	那，你的呢？
24	在这儿。
25	欸，那是谁的本子？
26	什么颜色的？
27	我的手机是红色的。
28	你喜欢蓝色吗？
29	不太喜欢。
30	我最喜欢粉色。

新出単語

这 zhè	代	指示代名詞 これ
的 de	助	～の
课本 kèběn	名	教科書
那 nà	接	（前文を受けて） それでは、じゃあ
呢 ne	助	疑問をあらわす語気助詞 「～は？」 （聞き手に問いかける）
在 zài	動	……にある、いる
这儿 zhèr	名	ここ（＝这里 zhèlǐ）
欸 éi	感	あれ？
那 nà	代	指示代名詞　あれ、それ
谁 shéi/shuí	代	人称代名詞 疑問詞「誰」の意
本子 běnzi	名	ノート
＊什么颜色　shénme yánsè 何色		
颜色 yánsè	名	色
红色 hóngsè	名	赤色
手机 shǒujī	名	ケータイ（携帯電話）
喜欢 xǐhuan	動	好む、好きだ
蓝色 lánsè	名	青色
太 tài	副	（程度がはなはだしい） すごく、とても
＊不太　bútài それほど～でない		

21	Zhè shì nǐ de kèběn ma?
22	Bú shì wǒ de.
23	Nà, nǐ de ne?
24	Zài zhèr.
25	Éi, nà shì shéi de běnzi?
26	Shénme yánsè de?
27	Wǒ de shǒujī shì hóngsè de.
28	Nǐ xǐhuan lánsè ma?
29	Bú tài xǐhuan.
30	Wǒ zuì xǐhuan fěnsè.

最 zuì	副	一番、最も
粉色 fěnsè	名	ピンク

21	これはあなたの教科書ですか？
22	私のではありません。
23	それじゃあ、あなたのは？
24	ここです。
25	あれ、あれは誰のノートかな？
26	どんな色の？
27	私のケータイは赤いのです。
28	あなたは青色が好きですか？
29	それほど好きではありません。
30	私はピンクが一番好きです。

Web 発音ガイド→
https://beijinghaorizi.net/

要 点

▶ 1. 指示代名詞

こそあど	近称	遠称	疑問詞
指示代名詞	这　zhè （これ） 这个（この） zhège / zhèige	那　nà （それ、あれ） 那个（その、あの） nàge / nèige	哪　nǎ （どれ） 哪个（どの） nǎge / něige

这是什么？　　　　　　　　Zhè shì shénme?

那是课本吗？　　　　　　　Nà shì kèběn ma?

这个苹果是她的。　　　　　Zhège píngguǒ shì tā de.

那个地图是不是北京的？　　Nèige dìtú shìbushì Běijīng de?

▶ 2. 助詞 "的"；〜の

A 的 B：A の B　　　＊A、B は名詞、形容詞、動詞など

　　　　　　　　　　＊親族呼称や所属などは「的」を省略できる

　　　　　　　　　　（我妈妈 / 他儿子 / 你朋友 / 我们学校）

▶ 3. 語気助詞 "呢"；省略形

我去，你呢？　　＝　我去，你也去吗？

Wǒ qù, nǐ ne?　　　Wǒ qù, nǐ yě qù ma?

你来了，他呢？　＝　你来了，他也来吗？　　　/　你来了，他怎么了？

Nǐ lái le, tā ne?　　Nǐ lái le, tā yě lái ma?　　　Nǐ lái le, tā zěnme le?

▶ 4．場所代名詞

こそあど	近称	遠称	疑問詞
場所代名詞	这儿＝这里 zhèr　zhèlǐ （ここ、こちら）	那儿＝那里 nàr　nàlǐ （そこ、そちら、 　あそこ、あちら）	哪儿＝哪里 nǎr　nǎlǐ （どこ、どちら）
～のあたり	这边　zhèbiān	那边　nàbiān	哪边　nǎbiān

你的课本在哪儿？　　　　Nǐ de kèběn zài nǎr?
我的本子在这儿。　　　　Wǒ de běnzi zài zhèr.
你来这边吧！　　　　　　Nǐ lái zhèbiān ba!

▶ 5．疑問形

①～吗？		你好吗？ 你是学生吗？	＊肯定文＋吗？ （疑問を表す語気助詞）
②疑問詞疑問文	【什么】 【谁】	你叫什么名字？ 什么颜色？ 那是谁的本子？	＊疑問詞～？
③反復疑問文		你是不是学生？ (＝你是学生吗？)	＊動詞や形容詞の肯定形＋否定形～？
④その他	【呢】	你的呢？	＊①②③以外の疑問形

＜疑問詞＞

他是谁？ Tā shì shéi?	他是我的同学。 Tā shì wǒ de tóngxué.
这是谁的自行车？ Zhè shì shéi de zìxíngchē?	这是我朋友的自行车。 Zhè shì wǒ péngyou de zìxíngchē.

▶ 6．疑問詞 "什么"　何、どんな

什么名字　shénme míngzi	什么人　shénme rén
什么颜色　shénme yánsè	什么事　shénme shì
什么东西　shénme dōngxi	什么病　shénme bìng

▶ 7．いろいろな副詞 —— とても、非常に

很	很喜欢！　　　Hěn xǐhuan!	*動詞も修飾できる；とても～だ
不太	不太喜欢。　Bú tài xǐhuan.	*否定の語気を弱める； 　それほど～でない、あまり～でない
不	不喜欢。　　Bù xǐhuan.	*否定：～ない
最	最喜欢。　　Zuì xǐhuan.	*最も（～だ）、一番（～だ）
也	我也喜欢～。 Wǒ yě xǐhuan ~.	*～も（～だ）
都	我们都喜欢～。 Wǒmen dōu xǐhuan ~.	*いずれも（～だ）、すべて（～だ）

決まり文句

▶▶ 1．私、ここよ！

我在这儿！　　Wǒ zài zhèr!	我在这里！　　Wǒ zài zhèlǐ!
你在哪儿？　Nǐ zài nǎr?	你在哪里？　　Nǐ zài nǎlǐ?
你的课本在哪儿？ Nǐ de kèběn zài nǎr?	在教室。　　Zài jiàoshì.

▶▶　2．何？どんな？

你叫什么名字？　　　　Nǐ jiào shénme míngzi?
喜欢什么颜色的？　　　Xǐhuan shénme yánsè de?

練習問題

▶▶▶　1．入れ替え練習

1	这是什么？ Zhè shì shénme? 这是～。 Zhè shì ～ .	①字典　　　/　②橡皮　　　/　③本子　　　/　④铅笔 zìdiǎn　　　xiàngpí　　　běnzi　　　qiānbǐ ⑤书包　　　/　⑥笔记本电脑　　　/　⑦手表 shūbāo　　　bǐjìběn diànnǎo　　　shǒubiǎo
2	这是你的钱包吗？ Zhè shì nǐ de qiánbāo ma?	①不是我的。　/　②是他的。　/　③不是，这是老师的。 Búshì wǒ de.　　Shì tā de.　　Búshì, zhè shì lǎoshī de.
3	哪个～是你的？ Nǎge ～ shì nǐ de?	①英语课本　　/　②自行车　　/　③雨伞 Yīngyǔ kèběn　　zìxíngchē　　yǔsǎn
4	汉语班的老师 Hànyǔ bān de lǎoshī → A 的 B	A ①我　/　②刚买　/　③好看　/　④非常大　/　⑤工作 　　wǒ　　gāng mǎi　　hǎokàn　　fēicháng dà　　gōngzuò B ①书　/　②词典　/　③花儿　/　④苹果　/　⑤资料 　　shū　　cídiǎn　　huār　　píngguǒ　　zīliào
5	你的课本在哪儿？ Nǐ de kèběn zài nǎr? —在～。 　　Zài ～ .	①家　　　/　②教室　　　/　③学校　　　/　④食堂 jiā　　　jiàoshì　　　xuéxiào　　　shítáng ⑤这儿　　/　⑥那里 zhèr　　　nàlǐ

▶▶▶　2．次の日本語を中国語にし、ピンインをつけてみよう！

① これはだれの〜〜ですか？

② あれがあなたの〜〜の〜〜ですか？

③ あなたは何色が好きですか？

④ 私が一番好きな色は〜〜色です。

⑤ 〜〜色はそれほど好きではありません。

⑥ 彼らの〜〜もここにあります。

⑦ 彼女たちは２人とも〜〜色が好きです。

▶▶▶　3．いろいろどんな色？

表の下の語群からふさわしいものを選び空欄を埋めてみよう！

亮色	/	暗色	/	淡	/	鲜艳	/	朴素
liàngsè		ànsè		dàn		xiānyàn		pǔsù

黑	/	红	/	橙	/	蓝	/	绿	/	粉	/	白	/	黄	/	灰	/	紫
hēi		hóng		chéng		lán		lǜ		fěn		bái		huáng		huī		zǐ

彩虹色 ＝ { 　红　　橙　　黄　　绿　　青　　蓝　　紫　 }
cǎihóngsè 　　hóng　chéng　huáng　lǜ　　qīng　lán　　zǐ

（参　考）{ 　红　　橙　　黄　　绿　　蓝　　靛 diàn　紫　 }

什么颜色？　shénme yánsè?		ピンイン
黒		
白		
赤		
ピンク		
黄		
青		
緑		
紫		
灰		
オレンジ		

①　A　加（jiā）　B　变成（biànchéng）　C　。

②　A　减（jiān）　B　变成（biànchéng）　C　。

コラム

★　中国の色　いろいろ

　あなたが思い浮かべる中国の色は何色ですか？多くの人が赤と答えるかもしれません。中国ではおめでたいときに赤い物を身に着けます。また、本命年 (běnmìngnián)（年男・年女）にも赤い下着を身に着ける習慣があります。中国の人は、赤い色が魔除けになると信じています。お正月の準備で入り口に貼る春聯 (chūnlián) や「福 (fú)」の文字、切り絵の窓飾りなども全て赤色ですね。

　さらに、中国では黄 (huáng) 色は「皇帝 (Huángdì)」と同じ音なので、皇帝の色、とされていました。北京の故宮博物院に行くとなるほどとうなずけますね。

　かつて中国では純白のウエディングドレスが敬遠されていました。なぜだと思いますか？中国では白色はどんな色だと考えられているでしょうか？

第4課：出身地と地名

31	你们从哪儿来的？
32	我们从日本东京来的。
33	你的家乡在哪里？
34	我给你介绍一下。
35	我父母现在住在香港。
36	他们生在中国长春。
37	她们长在美国纽约。
38	你想去哪儿？
39	我想去法国巴黎！
40	欢迎你来玩儿！

新出单語

你们 nǐmen	代	あなたたち（二人称複数）
从 cóng	前	（時間的・空間的）起点をあらわす：～から，～より
哪儿 nǎr	代	場所を尋ねる疑問詞「どこ」＝哪里 nǎli
的 de	助	語気助詞；（文末に置く）"从＋〔場所〕＋来的"（〔場所〕から来た）
我们 wǒmen	代	私たち（一人称複数）
东京 Dōngjīng	名	東京
家乡 jiāxiāng	名	故郷
哪里 nǎlǐ	代	＝哪儿 nǎr 場所を尋ねる疑問詞「どこ」
给 gěi	前	～に
介绍 jièshào	動	紹介する
一下 yíxià	名	ちょっと～する
父母 fùmǔ	名	両親
住 zhù	動	～に住む
在 zài	前	～で、～に
现在 xiànzài	名	現在、今
香港 Xiānggǎng	名	香港
他们 tāmen	名	彼ら（三人称複数）
她们 tāmen	名	彼女ら（三人称複数）
生 shēng	動	生まれる
中国 Zhōngguó	名	中国
长春 Chángchūn	名	長春
长 zhǎng	動	育つ

31	Nǐmen cóng nǎr lái de?
32	Wǒmen cóng Rìběn Dōngjīng lái de.
33	Nǐ de jiāxiāng zài nǎlǐ ?
34	Wǒ gěi nǐ jièshào yíxià.
35	Wǒ fùmǔ xiànzài zhù zài Xiānggǎng.
36	Tāmen shēng zài Zhōngguó Chángchūn.
37	Tāmen zhǎng zài Měiguó Niǔyuē.
38	Nǐ xiǎng qù nǎr?
39	Wǒ xiǎng qù Fǎguó Bālí!
40	Huānyíng nǐ lái wánr!

美国 Měiguó	名	アメリカ
纽约 Niǔyuē	名	ニューヨーク
想 xiǎng	動	～したい
去 qù	動	行く
法国 Fǎguó	名	フランス
巴黎 Bālí	名	パリ
欢迎 huānyíng	動	歓迎する
玩儿 wánr	動	遊ぶ

31	あなたたちはどこから来ましたか？
32	私たちは日本の東京から来ました。
33	あなたの故郷はどこですか？
34	あなたに紹介します。
35	私の両親は今香港に住んでいます。
36	彼らは中国の長春で生まれました。
37	彼女らはアメリカのニューヨークで育ちました。
38	あなたはどこに行きたいですか？
39	私はフランスのパリに行きたいです！
40	遊びに来てね。

要　点

▶　1．前置詞 " 从 "；介詞　〜から

从中国北京来的。	Cóng Zhōngguó Běijīng lái de.
暑假从明天开始。	Shǔjià cóng míngtiān kāishǐ.
从这儿到银行怎么走？	Cóng zhèr dào yínháng zěnme zǒu?

▶　2．助動詞 " 想 "；能願動詞　〜したい

我想去台湾留学。	Wǒ xiǎng qù Táiwān liúxué.
我想吃小笼包！	Wǒ xiǎng chī xiǎolóngbāo！
我想上北京大学学习汉语。	Wǒ xiǎng shàng Běijīng dàxué xuéxí Hànyǔ.

決まり文句

▶▶　1．どこから来たの？　⇒　〜から来ました！

从哪里来的？	从日本京都来的！
Cóng nǎlǐ lái de?	Cóng Rìběn Jīngdū lái de!

▶▶　2．紹介します！

我给大家介绍一下！	Wǒ gěi dàjiā jièshào yíxià!

▶▶　3．どこに～しているの？

你住在哪儿？ Nǐ zhù zài nǎr？	
你生在哪儿？ Nǐ shēng zài nǎr？	
你长在哪里？ Nǐ zhǎng zài nǎlǐ？	

▶▶　4．遊びに来てね。

欢迎你来玩儿！	Huānyíng nǐ lái wánr!
欢迎你来北京！	Huānyíng nǐ lái Běijīng!
欢迎再来！	Huānyíng zài lái!
欢迎光临！	Huānyíng guānglín!

練習問題

▶▶▶　1．入れ替え練習

1	我给你介绍一下，A 是 B。 Wǒ gěi nǐ jièshào yíxià, A shì B.	A ①她　　　　　/②他　　　　　　　/③这儿 　　tā　　　　　　 tā　　　　　　　　 zhèr B ①我朋友　　 /②我的音乐老师　 /③我们的教室 　　wǒ péngyou　 wǒ de yīnyuè lǎoshī　wǒmen de jiàoshì
2	你从哪儿来的？ Nǐ cóng nǎr lái de? — 我从 ～ 来的。 — Wǒ cóng ～ lái de.	①日本东京　　　　/②中国北京 　Rìběn Dōngjīng　　 Zhōngguó Běijīng ③美国纽约　　　　/④葡萄牙 　Měiguó Niǔyuē　　 Pútáoyá
3	你想做什么？ Nǐ xiǎng zuò shénme? — 我想 ～ 。 — Wǒ xiǎng ～.	①听音乐　　　 /②吃面包　　　 /③喝牛奶 　tīng yīnyuè　　 chī miànbāo　　 hē niúnǎi ④看电影　　　 /⑤看书　　　　 /⑥看日本报纸 　kàn diànyǐng　 kàn shū　　　　 kàn Rìběn bàozhǐ

▶▶▶ 2．どこの国の首都かな？

这是哪个国家的首都？ Zhèshì nǎge guójiā de shǒudū?

表の下の語群からふさわしいものを選び空欄を埋めてみよう！

中国	/ 美国	/ 英国	/ 法国	/ 德国	/ 意大利
Zhōngguó	Měiguó	Yīngguó	Fǎguó	Déguó	Yìdàlì
日本	/ 韩国	/ 加拿大	/ 印度	/ 埃及	/ 俄罗斯
Rìběn	Hánguó	Jiānádà	Yìndù	Āijí	Éluósī

①东京	Dōngjīng		⑦罗马	Luómǎ	
②首尔	Shǒu'ěr		⑧柏林	Bólín	
③北京	Běijīng		⑨莫斯科	Mòsīkē	
④华盛顿	Huáshèngdùn		⑩渥太华	Wòtàihuá	
⑤伦敦	Lúndūn		⑪开罗	Kāiluó	
⑥巴黎	Bālí		⑫新德里	Xīndélǐ	

基礎知識

★ 日本の都 (dū) 道 (dào) 府 (fǔ) 県 (xiàn)

东北 (dōngběi)	北海道 (Běihǎidào), 青森 (Qīngsēn), 秋田 (Qiūtián), 岩手 (Yánshǒu), 山形 (Shānxíng), 宫城 (Gōngchéng), 福岛 (Fúdǎo)
关东 (guāndōng)	茨城 (Cíchéng), 枥木 (Lìmù), 群马 (Qúnmǎ), 千叶 (Qiānyè), 埼玉 (Qíyù), 东京 (Dōngjīng), 神奈川 (Shénnàichuān)
中部 (zhōngbù)	新潟 (Xīnxì), 富山 (Fùshān), 石川 (Shíchuān), 福井 (Fújǐng), 长野 (Chángyě), 山梨 (Shānlí), 静冈 (Jìnggāng), 岐阜 (Qífù), 爱知 (Àizhī)
近畿 (jìnjī)	滋贺 (Zīhè), 奈良 (Nàiliáng), 三重 (Sānchóng), 京都 (Jīngdū), 大阪 (Dàbǎn), 和歌山 (Hégēshān), 兵库 (Bīngkù)
中国 (zhōngguó)	鸟取 (Niǎoqǔ), 冈山 (Gāngshān), 岛根 (Dǎogēn), 广岛 (Guǎngdǎo), 山口 (Shānkǒu)
四国 (sìguó)	香川 (Xiāngchuān), 德岛 (Dédǎo), 爱媛 (Àiyuán), 高知 (Gāozhī)
九州 (jiǔzhōu)	大分 (Dàfēn), 福冈 (Fúgāng), 佐贺 (Zuǒhè), 长崎 (Chángqí), 宫崎 (Gōngqí), 熊本 (Xióngběn), 鹿儿岛 (Lù'érdǎo), 冲绳 (Chōngshéng)

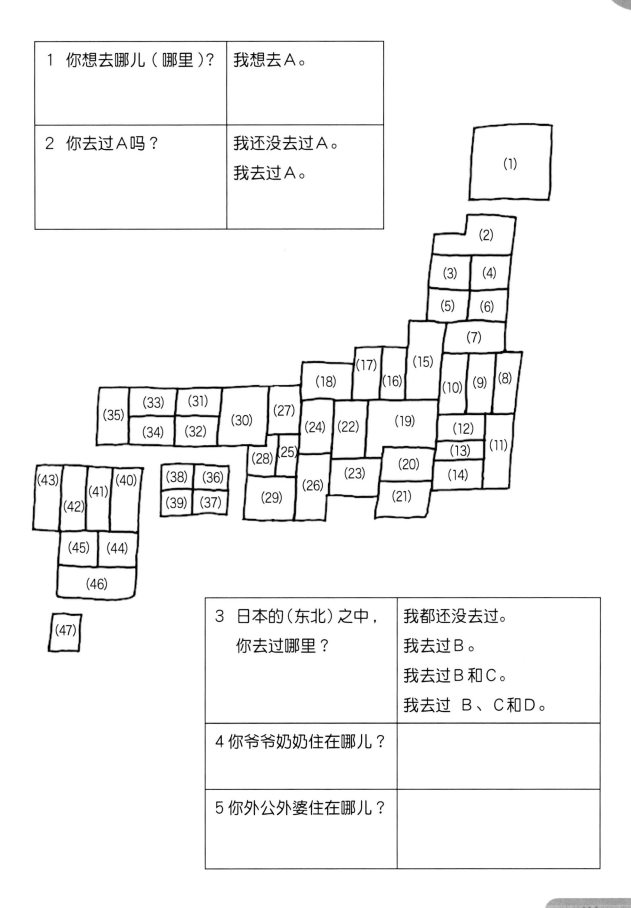

1 你想去哪儿（哪里）？	我想去A。
2 你去过A吗？	我还没去过A。 我去过A。

3 日本的（东北）之中， 你去过哪里？	我都还没去过。 我去过B。 我去过B和C。 我去过 B、C和D。
4 你爷爷奶奶住在哪儿？	
5 你外公外婆住在哪儿？	

4

▶▶▶　3．次の日本語を中国語にし、ピンインをつけてみよう！

①　あなたに紹介します、彼は〜〜といいます。彼は〜〜の〜〜から来ました。

②　私は〜〜人で、故郷は〜〜です。

③　私は〜で生まれ、〜で育ちました。今は（も）〜に住んでいます。

④　私の両親は今〜に住んでいます。

⑤　私は〜に行きたい！

⑥　〜に来てね。

まとめ

1	你叫什么名字？	
2	你是哪国人？	
3	你是老师吗？	
4	你会说汉语吗？	
5	你生在哪儿？ 你长在哪儿？ 现在住在哪儿?	
6	你喜欢什么颜色?	
7	你想去哪儿？	
8	你想做什么?	
9	你爷爷奶奶现在住在哪里？	
10	你外公外婆现在住在哪里？	

第5課：家族の紹介

41	你家有几口人？
42	我家有五口人。
43	你家都有什么人？
44	我家有爸爸、妈妈、两个姐姐和我。
45	你有兄弟姐妹吗？
46	没有，我是独生子。
47	她们多大了，结婚了吗？
48	还没结婚。
49	我姐姐都是大学生。
50	大姐是大学四年级，二姐是大一。

新出単語

家 jiā	名	家
有 yǒu	動	ある、いる、持っている
几 jǐ	数	数を尋ねる疑問詞「いくつ」
口 kǒu	量	家族などを数える量詞
人 rén	名	人
*你家有几口人？ Nǐ jiā yǒu jǐ kǒu rén?		
	句	「何人家族ですか？」
五 wǔ	数	5
都 dōu	副	いずれも、みな、全て
爸爸 bàba	名	父
妈妈 māma	名	母
两 liǎng	数	2
个 ge	量	人を数える量詞 オールマイティーな量詞
姐姐 jiějie	名	姉
和 hé	接	並列をあらわす接続詞 〜と、および
兄弟姐妹 xiōngdì jiěmèi		
	名	兄弟姉妹
没有 méiyǒu	動	持っていない、ない
独生子 dúshēngzǐ	名	一人っ子
多大了 duōdà le	句	「いくつ？」 年齢を尋ねる。
结婚 jiéhūn	動	結婚する

41	Nǐ jiā yǒu jǐ kǒu rén?
42	Wǒ jiā yǒu wǔ kǒu rén.
43	Nǐ jiā dōu yǒu shénme rén?
44	Wǒ jiā yǒu bàba、māma、liǎng ge jiějie hé wǒ.
45	Nǐ yǒu xiōngdì jiěmèi ma?
46	Méiyǒu, wǒ shì dúshēngzǐ.
47	Tāmen duōdà le, jiéhūn le ma?
48	Hái méi jiéhūn.
49	Wǒ jiějie dōu shì dàxuéshēng.
50	Dàjiě shì dàxué sì niánjí, èrjiě shì dàyī.

了 le	助	動作や状態の実現・完了を あらわす語気助詞
还 hái	副	まだ
大学生 dàxuéshēng	名	大学生
大姐 dàjiě	名	一番上の姉
四 sì	数	4
年级 niánjí	名	年生
二姐 èrjiě	名	二番目の姉
大一 dàyī	名	大学一年生

41	あなたのご家庭は何人家族ですか？
42	五人家族です。
43	家族構成は？
44	父、母、二人の姉と私です。
45	あなたは兄弟がいますか？
46	いません、私は一人っ子です。
47	彼女たちは何歳ですか？結婚していますか？
48	まだ結婚していません。
49	私の姉は二人とも大学生です。
50	上の姉は大学四年生、下の姉は大一です。

要 点

▶ 1. 動詞 "有" ⇔ "没有"（否定形）；ない、いない、持っていない

	例文	ポイント
肯定文	我有课。 Wǒ yǒu kè.	
否定文	我没有课。 Wǒ méiyǒu kè. ＝我没课。 Wǒ méi kè.	*多くは動詞、形容詞の前に否定の副詞 "不"bù を置く。 *"有" は例外。否定形にするときは、"没"méi を前に置き、 "没有"méiyǒu となる。 *例文のように、"没有" méiyǒu は "有"yǒu を省略して "没"méi とすることができる。 【注意】下の反復疑問形の時はできない。
疑問文	你有课吗？ Nǐ yǒu kè ma?	疑問形① *肯定文の末尾に "吗?"ma を置くと疑問文になる
	你有没有课？ Nǐ yǒu méiyǒu kè?	疑問形②反復疑問文 *動詞の肯定形（ここでは "有"yǒu）＋否定形（ここでは "没 有"méiyǒu）で疑問文になる 【注意】末尾に "吗"ma をつけないこと！

▶ 2. 数を尋ねる疑問詞 "几"

　　*"几" 範囲が確定している数、主に 1 桁の数を尋ねる疑問詞

几个小时　　Jǐ ge xiǎoshí	
几口人　　jǐ kǒu rén	你家有几口人？　　Nǐ jiā yǒu jǐ kǒu rén?
几个　　jǐ ge	你有几个孩子？　　Nǐ yǒu jǐ ge háizi?
几月几号星期几 jǐ yuè jǐ hào xīngqījǐ	今天几月几号星期几？ Jīntiān jǐ yuè jǐ hào xīngqījǐ?
20 几几年　　èr líng jǐ jǐ nián	你十岁时，是 20 几几年？ Nǐ shísuì shí, shì èr líng jǐ jǐ nián?
几岁　　jǐ suì	我儿子快要两岁了。　Wǒ érzi kuàiyào liǎng suì le.
几年级　　jǐ niánjí	我女儿现在初中三年级。 Wǒ nǚ'ér xiànzài chūzhōng sān niánjí.

▶ 3．量詞

	数えるもの	例	例文
口 kǒu	家族、など	人 rén	你家有几口人？ Nǐ jiā yǒu jǐ kǒu rén?
个 ge	①人 ②どのような 　ものでも	①人 rén	①两个人 liǎng ge rén
张 zhāng	平たいもの	地图 / 纸 / 桌子 / 床 dìtú/zhǐ /zhuōzi/chuáng	我买了一张地图。 Wǒ mǎi le yì zhāng dìtú.
本 běn	書籍	书 / 杂志 shū/ zázhì	我在图书馆看了一本书。 Wǒ zài túshūguǎn kàn le yì běn shū.
位 wèi	人を数える ときの尊称	老师 lǎoshī	几位？ / 这位是李老师。 Jǐ wèi?　Zhè wèi shì Lǐ lǎoshī.
只 zhī	小さい動物を 数える	猫 /（条）狗 / 兔子 / 鸟 māo/(tiáo)gǒu/tùzi/niǎo	
条 tiáo	細長いもの	狗 / 裤子 / 裙子 / 领带 gǒu/kùzi/qúnzi/lǐngdài	我养两条狗。 Wǒ yǎng liǎng tiáo gǒu.
件 jiàn	衣類	毛衣 / 大衣 máoyī/dàyī	我姐姐买了一件大衣。 Wǒ jiějie mǎi le yí jiàn dàyī.
双 shuāng	2つで揃いの もの	袜子 / 鞋子 wàzi/xiézi	
辆 liàng	車両	自行车 / 汽车 / 火车 zìxíngchē/qìchē/huǒchē	

▶ 4．数

1	2	3	4	5	6	7	8	9	10
一	二	三	四	五	六	七	八	九	十
yī	èr	sān	sì	wǔ	liù	qī	bā	jiǔ	shí

11	12	13	14	15	16	17	18	19	20
十一	十二	十三	十四	十五	十六	十七	十八	十九	二十
shíyī	shí'èr	shísān	shísì	shíwǔ	shíliù	shíqī	shíbā	shíjiǔ	èrshí

99	100	101	150
九十九	一百	一百零一	一百五十（＝一百五）
jiǔshíjiǔ	yìbǎi	yìbǎilíngyī	yìbǎiwǔshí (=yìbǎiwǔ)

決まり文句

▶▶ 1、何人家族ですか？

你家有几口人？ Nǐ jiā yǒu jǐ kǒu rén?	我家有～口人。 Wǒ jiā yǒu ~ kǒu rén.

▶▶ 2、家族構成は？

你家都有什么人？ Nǐ jiā dōu yǒu shénme rén? = 你家都有谁？ 　Nǐ jiā dōu yǒu shéi?	我家有爸爸、妈妈和我。 Wǒ jiā yǒu bàba、māma hé wǒ.

▶▶ 3、兄弟はいますか？

你有兄弟姐妹吗？ Nǐ yǒu xiōngdì jiěmèi ma?	我有一个哥哥。 Wǒ yǒu yí ge gēge. 她有两个妹妹。 Tā yǒu liǎng ge mèimei.

▶▶ 4、いくつですか？

几岁？　　　Jǐ suì?	我女儿两岁了。　Wǒ nǚ'ér liǎng suì le.
多大了？　　Duōdà le?	我今年十七岁了。 Wǒ jīnnián shíqī suì le.
你爷爷多大岁数？ Nǐ yéye duōdà suìshu?	他明年一百岁了。 Tā míngnián yì bǎi suì le.

▶▶ 5、結婚していますか？

你哥哥结婚了吗？ Nǐ gēge jiéhūn le ma?	我哥哥还没结婚。 Wǒ gēge hái méi jiéhūn.

▶▶ 6、何年生ですか？

你姐姐是大学几年级？ Nǐ jiějie shì dàxué jǐ niánjí?	她是大学二年级。 Tā shì dàxué èr niánjí. 她不是大学生，是高三。 Tā búshì dàxuéshēng, shì gāo sān.

練習問題

▶▶▶ 1．入れ替え練習

1	你家有几口人？	Nǐ jiā yǒu jǐ kǒu rén?	①2 ／②3 ／③4 ／④5 ／⑤6
	我家有～口人。	Wǒ jiā yǒu ~kǒu rén.	
2	你家都有什么人？	Nǐ jiā dōu yǒu shénme rén?	①父方の祖父母、父母兄と三人の弟 ②母方の祖父母、父母と私 ③父母と妹二人と私
	我家有 ～。	Wǒ jiā yǒu~.	
3	你有兄弟姐妹吗？	Nǐ yǒu xiōngdì jiěmèi ma?	①いない、一人っ子 ②いる、兄が一人 ③いる、姉が二人
	～。	～.	
4	多大了？	Duōdà le?	①18歳 ／②30歳 ／③45歳
5	～结婚了吗？	～ jiéhūn le ma?	①まだ結婚していない ②結婚している
6	～几年级？	～ jǐ niánjí?	①大学3年生 ／②高校2年生 ③中学1年生 ／④小学4年生
7	还没结婚。	Hái méi jiéhūn.	①看 ／②吃饭 ／③去过中国 kàn　　chī fàn　　qùguo Zhōngguó
	还没～。	Hái méi ～.	

▶▶▶　2．次の日本語を中国語にし、ピンインをつけてみよう！

① 何人家族ですか？ —— ～人家族です。

② 家族構成は？ —— 家族構成は～。

③ 兄弟はいますか？ —— いません、一人っ子です。／います、～。

④ あなたの～は結婚していますか？

⑤ 私の～は～です。

▶▶▶　3．親族関係

爷爷 yéye/ 外公 wàigōng/ 老公 lǎogōng/ 姥爷 lǎoye/ 爸爸 bàba/ 哥哥 gēge/ 弟弟 dìdi/ 儿子 érzi
奶奶 nǎinai/ 外婆 wàipó/ 老婆 lǎopo/ 姥姥 lǎolao/ 妈妈 māma/ 姐姐 jiějie/ 妹妹 mèimei/ 女儿 nǚér
兄弟姐妹 xiōngdì jiěmèi/ 独生子 dúshēngzǐ/ 独生女 dúshēngnǚ/ 双胞胎 shuāngbāotāi/ 爱人 àiren/ 父母 fùmǔ

日本語	中国語（簡体字）	ピンイン
父		
母		
兄		
姉		
弟		
妹		
父方の祖父		
父方の祖母		
母方の祖父		
母方の祖母		

配偶者		
夫		
妻		
兄弟姉妹		
一人っ子		
一人娘		
双子		
息子		
娘		
両親		

★自分の親族関係図を作ってみよう！

我

コラム

★　中国の家族　いろいろ

　中国では１９７０年代よりつい数年前まで一人っ子政策（独生子女政策 Dúshēng zǐnǔ zhèngcè）が行われていました。（ただし農民戸籍で第一子が女の子の場合や、少数民族、海外在住の中国人などには例外的な措置が取られていたそうです。）一人っ子は両親とその祖父母たちから大切にされ、「６つの財布を握る」中国経済をも左右する存在として、時には「小皇帝 (xiǎo huángdì)」とも呼ばれていたほどです。

　一人っ子世代が適齢期を迎え、また中国社会の少子高齢化の影響もあり、この政策は撤廃されましたが、日本に来ている中国人留学生に尋ねると都市部では第二子を考える夫婦は多くない、とのことでした。それはどんな理由からだと思いますか？

第6課：ペットと干支

51	我养了一只猫，它叫三毛。
52	你养什么动物？
53	我家有羊和猴子， 　还有老虎。
54	你属什么？
55	不知道。
56	你是哪一年出生的？
57	我是01年出生的。
58	跟我一样！
59	那，你也属小龙！
60	怪不得，我们气味相投！

新出単語

养 yǎng	動	飼う
了 le	助	動・形の後において、動作や状態の実現・完了を表す
只 zhī	量	動物・鳥・虫などを数える
猫 māo	名	猫
它 tā	代	人間以外の三人称
三毛 Sānmáo	名	ミケ（ネコの名前）
动物 dòngwù	名	動物
羊 yáng	名	羊
猴子 hóuzi	名	猿
还 hái	副	また、さらに
老虎 lǎohǔ	名	虎
属 shǔ	動	（干支で）～年生まれだ
知道 zhīdao	動	知っている、分かる
出生 chūshēng	動	生まれる
跟 gēn	前	～と
一样 yíyàng	形	同じ
小龙 xiǎolóng	副	ヘビ（どし）
怪不得 guàibude	副	道理で、なるほど～だ

51	Wǒ yǎng le yì zhī māo, tā jiào Sānmáo.
52	Nǐ yǎng shénme dòngwù?
53	Wǒ jiā yǒu yáng hé hóuzi, hái yǒu lǎohǔ.
54	Nǐ shǔ shénme?
55	Bù zhīdào.
56	Nǐ shì nǎ yī nián chūshēng de?
57	Wǒ shì líng yī nián chūshēng de.
58	Gēn wǒ yíyàng!
59	Nà,nǐ yě shǔ xiǎolóng!
60	Guàibude, wǒmen qìwèi xiāngtóu!

气味相投		
qìwèi xiāngtóu		
	句	気が合う

51	私は猫を一匹飼っていて、名前はミケといいます。
52	あなたはどんな動物を飼っていますか？
53	私の家には羊と猿、さらに虎がいます。
54	あなたは何どしですか？
55	分かりません。
56	あなたは何年生まれですか？
57	私は 2001 年に生まれました。
58	私と同じですね！
59	それじゃあ、あなたもヘビどしです！
60	道理で、私たち気が合いますね！

要 点

▶ 1．干支 gānzhī

①你属什么？	①我属～。
Nǐ shǔ shénme?	Wǒ shǔ ～.
②你是属什么的？	②我是属～的。
Nǐ shì shǔ shénme de?	Wǒ shì shǔ ～ de.

日本の干支	中国の干支		該当年
	老鼠	lǎoshǔ	2008/2020
	牛	niú	2009/2021
	老虎	lǎohǔ	2010/2022
	兔子	tùzi	2011/2023
	龙	lóng	2012/2024
	小龙 （蛇	xiǎolóng shé)	2001/2013
	马	mǎ	2002/2014
	羊	yáng	2003/2015
	猴子	hóuzi	2004/2016
	鸡	jī	2005/2017
	狗	gǒu	2006/2018
	金猪	jīnzhū	2007/2019

▶ 2．量詞；動物のかぞえ方

你养什么动物？	我家没有动物。
Nǐ yǎng shénme dòngwù?	Wǒ jiā méiyǒu dòngwù.

动物	量词	例
猫 māo	只 zhī	一只猫　yì zhī māo
狗 gǒu	条 tiáo	两条狗　liǎng tiáo gǒu
鱼 yú	条 tiáo	三条鱼　sān tiáo yú
鸟 niǎo	只 zhī	四只鸟　sì zhī niǎo
马 mǎ	匹 pǐ	五匹马　wǔ pǐ mǎ
牛 niú	头 tóu	六头牛　liù tóu niú

決まり文句

▶▶ 1．同じ！

跟你一样！　Gēn nǐ yíyàng!　＝　和你一样！　Hé nǐ yíyàng!

▶▶ 2．数のかぞえ方

①西暦：

19几几年？ Yī jiǔ jǐ jǐ nián?	1999年。 Yī jiǔ jiǔ jiǔ nián.
20几几年？ Èr líng jǐ jǐ nián?	2001年。 Èr líng líng yī nián.

②電話番号、部屋番号など：

你的电话号码是多少？ Nǐ de diànhuà hàomǎ shì duōshao?	080-9756-1123。 Líng bā líng-jiǔ qī wǔ liù-yāo yāo èr sān.
你的房间号码是多少？ Nǐ de fángjiān hàomǎ shì duōshao?	315 房间。 Sān yāo wǔ fángjiān.

練習問題

▶▶▶　1．入れ替え練習

1	你养什么动物？　　Nǐ yǎng shénme dòngwù?	①🐕 ②🐈 ③🐔 ④🐇 ⑤何も飼っていない
2	你喜欢什么动物？　Nǐ xǐhuan shénme dòngwù?	①🐎 ②🐂 ③🐑 ④🐖
3	你属什么？　　　　Nǐ shǔ shénme?	①🐍 ②🐒 ③🐖
4	你是哪一年出生的？ Nǐ shì nǎ yī nián chūshēng de?	①９９年　②７５年　③０１年　④００年
5	跟谁一样？　　　　Gēn shéi yíyàng?	①私　②あなた　③彼ら　④先生 ⑤彼女の兄　⑥みなさん

▶▶▶　2．次の日本語を中国語にし、ピンインをつけてみよう！

① あなたはどんな動物を飼っていますか？ ── 私は〜

② あなたはどんな動物が好きですか？ ── 私は〜

③ あなたは何年（なにどし）ですか？ ── 私は〜

④ あなたは何年生まれですか？ ── 私は〜

基礎知識

★　日本の漫画／アニメ　（漫画 mànhuà/ 动画片 dònghuàpiān）

哆啦A梦 DuōlāAmèng	蜡笔小新 Làbǐ XiǎoXīn	名探侦柯南 Míngtànzhēn Kēnán
龙猫 Lóngmāo	神奇宝贝 Shénqí Bǎobèi	海贼王 Hǎizéiwáng

★ 動物にまつわることわざ・故事成語

① 马马虎虎 mǎmǎhūhū
② 拍马屁 pāi mǎpì
③ 吹牛皮 chuī niúpí
④ 牛脾气（牛气）（牛性）niúpíqi
⑤ 鸡口牛后 jī kǒu niú hòu
⑥ 龙头 lóngtóu
⑦ 牛头马面 niútóu mǎmiàn
⑧ 猴年马月 hóunián mǎyuè
⑨ 阿猫阿狗 āmāo āgǒu
⑩ 狗命 gǒumìng
⑪ 狗屁 gǒupì（放狗屁）
⑫ 兔死狐悲 tù sǐ hú bēi
⑬ 画蛇添足 huà shé tiān zú
⑭ 吃鸭蛋 chīyādàn
⑮ 鸡飞蛋打 jī fēi dàn dǎ（鸡也飞了，蛋也打了。）

（　）蛇足	（　）猫も杓子も
（　）水道の蛇口	（　）鶏頭となるも牛後となるなかれ
（　）いいかげん	（　）価値のない命
（　）いつになるかわからない	（　）凶悪な顔つきの人
（　）頑固、強情	（　）何もかもがだめになる
（　）ばかげたこと、くだらないこと	（　）ほらを吹く
（　）お世辞を言う、ゴマすり	（　）同類相哀れむ
（　）0点をとる	

コラム

★ 中国の動物とペット　いろいろ

　広東料理では「足のあるものは机以外、飛ぶものは飛行機以外すべて食べる」ともいわれますが、中国でも経済発展とともに空前のペットブームです。北京オリンピックの頃、北京市内では、中心部からの距離によって飼うことのできる動物が決まっていました。その頃はペットを飼うことが一種のステータスになっていたようですが、狂犬病や不妊手術などでは、まだまだだったようです。

7

チェック！　□時制、日付と曜日の言い方　□"一起"　□"吧"
□"还是"　［活動］中国の伝統行事と祝日
［コラム］中国のカレンダー

第7課：誕生日

61	你的生日几月几号？
62	我的生日9月6号，你呢？
63	今天是我的生日。
64	祝你生日快乐！
65	你跟我一起去吃饭吧！
66	好，你喜欢吃什么菜？
67	中国菜还是日本菜？
68	我喜欢吃快餐。
69	那么，咱们去麦当劳吧！
70	今天我有事，下星期一下午两点半，好吗？

新出単語

生日 shēngrì	名	誕生日
月 yuè	名	月
号 hào	名	日
今天 jīntiān	名	今日
祝你生日快乐！ Zhù nǐ shēngrì kuàilè!	句	お誕生日おめでとう！
一起 yìqǐ	副	一緒に
去 qù	動	行く
吃 chī	動	食べる
饭 fàn	名	ご飯、食事
吧 ba	助	語気助詞「しましょう！」
好 hǎo	形	いいよ（単独で用いて、同意、了承、賛成の意を表す）
菜 cài	名	料理
中国菜 Zhōngguócài	名	中華料理
还是 háishi	接	それとも
日本菜 Rìběncài	名	日本料理
快餐 kuàicān	名	ファストフード
那么 nàme	接	それでは
咱们 zánmen	代	私たち
麦当劳 Màidāngláo	名	マクドナルド
下 xià	名	次の　下＋名詞

61	Nǐ de shēngrì jǐ yuè jǐ hào?
62	Wǒ de shēngrì jiǔ yuè liù hào, nǐ ne?
63	Jīntiān shì wǒ de shēngrì.
64	Zhù nǐ shēngrì kuàilè!
65	Nǐ gēn wǒ yìqǐ qù chīfàn ba!
66	Hǎo, nǐ xǐhuan chī shénme cài?
67	Zhōngguócài háishi Rìběncài?
68	Wǒ xǐhuan chī kuàicān.
69	Nàme, zánmen qù Màidāngláo ba!
70	Jīntiān wǒ yǒu shì, xià xīngqīyī xiàwǔ liǎng diǎn bàn, hǎo ma?

星期一 xīngqīyī	名	月曜日
两 liǎng	名	2、2つ
点 diǎn	名	～時
半 bàn	名	～30分、～半
～，好吗？ ～ ,hǎo ma？	句	文の後ろにおいて相手の意向を問う。

61	あなたの誕生日は何月何日ですか？
62	私の誕生日は九月六日です。あなたは？
63	今日は私の誕生日です。
64	お誕生日おめでとう！
65	あなたは私と一緒に食事に行きましょう！
66	はい、あなたはどんな料理を食べるのが好きですか？
67	中華料理ですか、それとも日本料理ですか？
68	私はファストフードが好きです。
69	それでは、私たちはマクドナルドに行きましょう！
70	今日は用事があるから、来週月曜日の午後2時半でいいですか。

Web 発音ガイド→
https://beijinghaorizi.net/

要　点

▶ 1．日付・曜日・時刻の言い方

年

èrlíng'èrlíng nián	èrlíngyībā nián	èrlínglínglíng nián	yījiǔsìjiǔ nián
二〇二〇年	二〇一八年	二〇〇〇年	一九四九年

月

yī yuè	èr yuè	sān yuè	sì yuè	wǔ yuè	liù yuè
一月	二月	三月	四月	五月	六月
qī yuè	bā yuè	jiǔ yuè	shí yuè	shíyī yuè	shí'èr yuè
七月	八月	九月	十月	十一月	十二月

日

yī hào	èr hào	sān hào	sì hào	wǔ hào
一号	二号	三号	四号	五号
liù hào	qī hào	bā hào	jiǔ hào	shí hào
六号	七号	八号	九号	十号
shíyī hào	shí'èr hào	shísān hào	shísì hào	shíwǔ hào
十一号	十二号	十三号	十四号	十五号
shíliù hào	shíqī hào	shíbā hào	shíjiǔ hào	èrshí hào
十六号	十七号	十八号	十九号	二十号
èrshiyī hào	èrshi'èr hào	èrshisān hào	èrshisì hào	èrshiwǔ hào
二十一号	二十二号	二十三号	二十四号	二十五号
èrshiliù hào	èrshiqī hào	èrshibā hào	èrshijiǔ hào	sānshí hào
二十六号	二十七号	二十八号	二十九号	三十号
sānshiyī hào				
三十一号				

曜日

xīngqī yī	xīngqī èr	xīngqī sān	xīngqī sì	xīngqī wǔ	xīngqī liù	xīngqī tiān(-rì)
星期一	星期二	星期三	星期四	星期五	星期六	星期天 (- 日)

時刻

yī diǎn	liǎng diǎn	sān diǎn	sì diǎn	wǔ diǎn	liù diǎn
一点	两点	三点	四点	五点	六点
qī diǎn	bā diǎn	jiǔ diǎn	shí diǎn	shíyī diǎn	shí'èr diǎn
七点	八点	九点	十点	十一点	十二点

▶ 2．時間副詞

| 年 | dàqiánnián
大前年 | qiánnián
前年 | qùnián
去年 | jīnnián
今年 | míngnián
明年 | hòunián
后年 | dàhòunián
大后年 |

| 月 | shàng ge yuè
上个月 | zhè ge yuè
这个月 | xià ge yuè
下个月 |

| 日 | dàqiántiān
大前天 | qiántiān
前天 | zuótiān
昨天 | jīntiān
今天 | míngtiān
明天 | hòutiān
后天 | dàhòutiān
大后天 |

| 曜日 | shàng ge xīngqī
上个星期 | zhè ge xīngqī
这个星期 | xià ge xīngqī
下个星期 |

| 時刻 | zǎoshang
早上 | shàngwǔ
上午 | zhōngwǔ
中午 | xiàwǔ
下午 | wǎnshang
晚上 |

| 毎～ | měinián
每年 | měi ge yuè
每个月 | měitiān
每天 | měi ge xīngqī
每个星期 |

▶ 3．副詞 "一起"

你跟我一起来吧！　　　　　　Nǐ gēn wǒ yìqǐ lái ba!

你和她一起唱歌。　　　　　　Nǐ hé tā yìqǐ chànggē.

▶ 4．接続詞 "还是"

中国菜还是日本菜？　　　　　Zhōngguócài háishi Rìběncài?

你去，还是他去？　　　　　　Nǐ qù, háishi tā qù?

決まり文句

▶▶ 1．あなたの誕生日は何月何日？

你的生日几月几号？ Nǐ de shēngrì jǐ yuè jǐ hào?	我的生日～月～号。 Wǒ de shēngrì ～ yuè ～ hào.
祝你生日快乐！　Zhù nǐ shēngrì kuàilè!	谢谢您。　　Xièxie nín.

▶▶ 2．何曜日？

星期几？　　Xīngqī jǐ?	今天星期六。　Jīntiān xīngqī liù.
上个礼拜几？Shàng ge lǐbài jǐ?	上个礼拜天。　Shàng ge lǐbài tiān.
什么时候？　Shénme shíhou?	下周日。　　Xià zhōurì.

▶▶ 3．一緒に～しよう！

一起去吧！　　　　　Yìqǐ qù ba!
咱们一块儿走吧！　　Zánmen yíkuàir zǒu ba!
你和他一起上学吧！　Nǐ hé tā yìqǐ shàngxué ba!

練習問題

▶▶▶ 1．いろいろなお店　※空欄に日本語名を書き入れてみましょう！

麦当劳（快餐） Màidāngláo		肯德基（快餐） Kěndéjī	
七十一（便利店） Qī-Shíyī		全家（便利店） Quánjiā	
罗森（便利店） Luósēn		星巴克（咖啡店） Xīngbākè	
优衣库（衣服店） Yōuyīkù		宜家家居（家居） Yíjiā jiājū	

▶▶▶ 　2．入れ替え練習

1	你的生日几月几号？ Nǐ de shēngrì jǐ yuè jǐ hào? —— ～月～号。	① 7/21　②5/2　③8/13　④10/12
2	下周六是我的生日。 Xià zhōuliù shì wǒ de shēngrì. —～是我的生日。 　～ shì wǒ de shēngrì.	①上个星期二　　　　／②这周日 　shàng ge xīngqī'èr　　　zhè zhōurì ③后天 　hòutiān
3	一起过生日吧！ Yìqǐ guò shēngrì ba! —— 一起～ 吧！ 　Yìqǐ ～ ba!	①去买东西　　　／②去吃饭 qù mǎi dōngxi　　qù chī fàn ③看电影　　　／④去问他 kàn diànyǐng　　qù wèn tā
4	你喜欢吃什么菜？ Nǐ xǐhuan chī shénme cài? ——A 还是 B ？ 　A háishi B ？	① A: 西餐　　　　B: 中餐 　　Xīcān　　　　　Zhōngcān ② A: 家常菜　　　B: 宫廷菜 　　Jiāchángcài　　Gōngtíngcài ③ A: 北京菜　　　B: 上海菜 　　Běijīngcài　　　Shànghǎicài ④ A: 广东菜　　　B: 四川菜 　　Guǎngdōngcài　Sìchuāncài ⑤ A: 日本菜　　　B: 法国菜 　　Rìběncài　　　　Fǎguócài

▶▶▶ 　3．次の日本語を中国語にし、ピンインをつけてみよう！

① あなたの誕生日は何月何日ですか？

② 来週の日曜日は私の父の誕生日です。

③　明日一緒に食事に行きましょう。

④　あなたは好きなのは中華料理ですか、それともフランス料理ですか？

⑤　私は〜〜が好きです。

⑥　今日は日曜日、〜〜。

⑦　〜年〜月〜日は、何曜日ですか。

▶▶▶　4．中国の祝祭日と伝統行事を知ろう！

※空欄に下の日付から当てはまるものを埋めてみましょう！

一月一号　/　二月十四号　/　三月八号　/　四月五号前后　/　五月一号　/　五月四号　/　六月一号　/　八月一号
九月十号　/　十月一号　/　十月三十一号　/　十一月十一号　/　十二月二十五号
农历 (nónglì) 一月一日　/　农历一月十五日　/　农历五月五日 / 农历七月七日　/　农历八月十五日　/　农历九月九日

中国の祝祭日	何月何日	伝統行事
1 元旦 Yuándàn		「最初に日が昇る日」の意味。1月1日のみ休日。
2 情人节 Qíngrén Jié		・バレンタインデー。 ・男性から女性へ、バラの花（玫瑰花 méiguihuā）やチョコレート（巧克力 qiǎokèlì）が贈られる。
3 春节 Chūn Jié		・旧暦のお正月なので、旧正月ともいわれる。 ・日本以外のアジア圏では、新年よりも盛大に祝われる。 ・除夕 chúxī（大晦日）には鶏 jī（吉 jí）や魚 yú（年々有余 [niánniányǒuyú]）などの正月料理（年夜饭 niányèfàn）を食べる。北方では、餃子（水饺 shuǐjiǎo）、南方では年糕 niángāo(年高 niángāo) を食べる習慣がある。 ・春联 chūnlián/ 年画 niánhuà/ 剪纸 jiǎnzhǐ・拜年 bàinián/ 红包 hóngbāo/ 压岁钱 yāsuìqián ・春运 chūnyùn
4 元宵节 Yuánxiāo Jié		・小正月。 ・元宵 yuánxiāo（汤圆 tāngyuán）を食べる。
5 妇女节 Fùnǚ Jié		・国際婦人デー。 ・女性のイベント多数。 ・女性労働者は一日もしくは半日休み。
6 清明节 Qīngmíng Jié		・二十四節気の一つ。 ・先祖への墓参り (扫墓 sǎomù) の日。
7 劳动节 Láodòng Jié		・メーデー（国際労働者の日）。
8 青年节 Qīngnián Jié		・1919 年「五四運動」が由来。 ・中国では 14 〜 28 歳を青年とし、青年式（日本の成人式）の式典が催される。

9 端午节 Duānwǔ Jié		・中国戦国時代の楚の詩人屈原の命日。 ・ちまき（粽子 zòngzi）（北方では枣 zǎo や花生 huāshēng の入った甘いもの、南方では肉 ròu 蛋黄 dànhuáng の入ったしょっぱいものが多い） ・ドラゴンボートレース (赛龙舟 sàilóngzhōu)
10 儿童节 Értóng Jié		・国際児童デー。 ・子供たちのイベント多数。
11 七夕节 Qīxī Jié		・中国の伝統的なバレンタインデー。 ・女子が手芸や裁縫などの上達を祈った、手作り品を意中の男子に贈る。現在はチョコレートなど。 ・伝説「織姫と彦星」
12 建军节 Jiànjūn Jié		・中国人民解放軍の日。
13 中秋节 Zhōngqiū Jié		・一年で最も美しい中秋の名月をめでる日。 ・伝説「嫦娥、月に昇る」(嫦娥奔月 Cháng É bēn yuè) ・月饼 yuèbǐng/ 水果 shuǐguǒ / 鸡冠花 jīguānhuā
14 教师节 Jiàoshī Jié		・国際教師の日。
15 重阳节 Chóngyáng Jié		・道教思想では、奇数を陽数、偶数を陰数とし、縁起の良い奇数の最大値となる「九」が「久 jiǔ」にも通ずる幸運の数字。その陽数が重なるので、「重陽」または「重九」と呼んだ。 ・高みに昇る「登山」爬山 páshān/ 菊花酒 júhuājiǔ
16 国庆节 Guóqìng Jié		・中華人民共和国建国の日。 ・約一週間の大型連休（黄金周 huángjīnzhōu）
17 万圣节 Wànshèng Jié		・ハロウィン
18 光棍节 Guānggùn Jié		・「枝葉を持たない木」という意味。転じて「独身者」を指す。 ・未婚の男女限定イベントが多数行われる。 ・2009 年頃よりショッピングデーとなる。
19 圣诞节 Shèngdàn Jié		・クリスマス ・圣诞老人 shèngdàn lǎorén ・苹果 píngguǒ[平安夜 Píng'ānyè]

コラム

★　中国のカレンダー　いろいろ

　「一九二九〜♫」は冬至から数えた民謡（「九九歌 Jiǔjiǔgē*」) です。

　中国では今現在でも、西暦と並行して旧暦が人々の生活の中で息づいています。伝統行事である旧正月をはじめ、小正月、端午の節句、七夕、中秋節、重陽の節句なども旧暦で祝われるため、中国のカレンダーには、西暦と旧暦が併記されています。また、中国では、人々の誕生日も西暦の誕生日と旧暦の誕生日があるそうです。日本でも旧暦を使用していましたが、いつまでだったでしょうか？その後、日本で旧暦を使った行事などがあるか考えてみましょう！

　* 一九二九不出手 (bù chū shǒu),　三九四九冰上走 (bīng shàng zǒu),

　　五九六九河边看柳 (hébiān kàn liǔ),　七九河开 (hé kāi),　八九燕来 (yàn lái),

　　九九加 (jiā) 一九,　耕牛遍地走 (gēng niú biàn dì zǒu)。

8

チェック！ □"想","喜欢","爱"　□"可以","能","会"　□補語"得"
［活動］自己紹介文をつくろう！　［コラム］中国の食

第8課：趣味の紹介

71	你喜欢吃辣的吗？
72	我不能吃太辣的。
73	你喜欢吃蔬菜还是吃肉？
74	我喜欢吃肉， 特别爱吃羊肉。
75	你一般吃米饭还是面条？
76	早饭常吃面包，午饭 常吃面条，晚饭随便吃。
77	中国的拉面和日本的 不一样吧？
78	你知道得太多了！
79	我的爱好是看书，你呢？
80	我是足球迷。

新出単語

辣 là	形	辛い
能 néng	助動	できる
蔬菜 shūcài	名	野菜
肉 ròu	名	肉
特别 tèbié	副	特別に、とりわけ
爱 ài	動	大好きだ
羊肉 yángròu	名	羊肉
一般 yìbān	名	普段
米饭 mǐfàn	名	ご飯
面条 miàntiáo	名	麺類
早饭 zǎofàn	名	朝食
常 cháng	形	常に、よく
面包 miànbāo	名	パン
午饭 wǔfàn	名	昼食
晚饭 wǎnfàn	名	夕食
随便 suíbiàn	副	自由に、気の向くままに
拉面 lāmiàn	名	拉麺
＊不一样 bù yíyàng	句	違う、同じではない
得 de	助	「動詞・形容詞＋"得"～」動詞・形容詞がどのようであるかをあらわす

71	Nǐ xǐhuan chī là de ma?
72	Wǒ bù néng chī tài là de.
73	Nǐ xǐhuan chī shūcài háishi chī ròu?
74	Wǒ xǐhuan chī ròu,tèbié ài chī yángròu.
75	Nǐ yìbān chī mǐfàn háishì miàntiáo?
76	Zǎofàn cháng chī miànbāo, wǔfàn cháng chī miàntiáo, wǎnfàn suíbiàn chī.
77	Zhōngguó de lāmiàn hé Rìběn de bù yíyàng ba?
78	Nǐ zhīdao de tài duō le!
79	Wǒ de àihào shì kànshū,nǐ ne?
80	Wǒ shì zúqiúmí.

*太~了 tài ~ le	句	非常に~だ、とても~だ
多 duō	形	多い
爱好 àihào	名	趣味
看 kàn	動	見る、読む
书 shū	名	本
足球 zúqiú	名	サッカー
迷 mí	素	狂、マニア、ファン

71	あなたは辛いものが好きですか？
72	あまり辛いものは食べられません。
73	あなたが好きなのは野菜ですかそれとも肉ですか？
74	私は肉が好きで、特に羊の肉が好きです。
75	あなたは普段ご飯を食べますか、それとも麺ですか？
76	朝ご飯はいつもパン、昼は麺類、夜はその時々で。
77	中国の拉麺と日本のは違いますよね。
78	よくご存じで！
79	私の趣味は読書です、あなたは？
80	私はサッカーファンです。

要 点

▶ 1．"想"xiǎng　"喜欢"xǐhuan　"爱"ài

想 xiǎng	〜したい 〜と思う	我也想去中国。 Wǒ yě xiǎng qù Zhōngguó.
喜欢 xǐhuan	〜好き	你喜欢吃甜的吗？ Nǐ xǐhuan chī tián de ma? 你喜欢吃青椒还是吃蘑菇？ Nǐ xǐhuan chī qīngjiāo háishì chī mógu? 我喜欢吃肉，特别爱吃鸡肉。 Wǒ xǐhuan chī ròu,tèbié ài chī jīròu. 我儿子喜欢弹钢琴。 Wǒ érzi xǐhuan tán gāngqín.
爱 ài	〜大好き	我特别爱吃牛肉。 Wǒ tèbié ài chī niúròu. 我女儿爱吃酸梅。 Wò nǚ'ér ài chī suānméi.

▶ 2．助動詞 "能"néng の疑問文

"能" の疑問形		例
疑問文	你能〜吗？	你能吃麻辣的吗？ Nǐ néng chī málà de ma?
反復疑問文	你能不能〜？ 你可以不可以〜？ ＝你可不可以〜？	你能不能吃麻辣的？ Nǐ néng bùnéng chī málà de?

▶ 3．助動詞 "能"néng とその他の能願動詞（助動詞）

能願動詞	〜できる	
可以 kěyǐ	这儿可以抽烟吗？ Zhèr kěyǐ chōuyān ma? 那个博物馆可以拍照。 Nèige bówùguǎn kěyǐ pāizhào.	（許可）〜してよい

能 néng	我不能吃咸的。 Wǒ bùnéng chī xián de. 他能翻译。 Tā néng fānyì. 我明天能参加。 Wǒ míngtiān néng cānjiā.	（①能力）～できる能力がある （②条件）（条件的に）できる
*会 huì	我会开车。 Wǒ huì kāichē. 我会抽烟。 Wǒ huì chōuyān. 我会弹钢琴。 Wǒ huì tán gāngqín. 我会说汉语。 Wǒ huì shuō Hànyǔ. 我会游泳。 Wǒ huì yóuyǒng.	*"会"は訓練・学習の結果、技術を習得し、また習慣として身についていることをあらわす。 （①技能）～することができる
	会下雨。 Huì xià yǔ. 我肯定会感冒。 Wǒ kěndìng huì gǎnmào.	（②可能性）きっと～だろう

▶ 4．補語 " 得 "de

補語	肯定形	否定形	疑問形
㈠程度 補語	你知道得太多了！ Nǐ zhīdao de tài duō le! 睡得很香 shuìde hěn xiāng 唱得很好 chàngde hěn hǎo	你知道得不多。 Nǐ zhīdao de bù duō. 睡得不香 shuìde bù xiāng 唱得不好 chàngde bù hǎo	你知道得多不多？ Nǐ zhīdao de duōbuduō?
㈡可能 補語	买得到药 mǎidedào yào 听得懂 tīngdedǒng	买不到健康 mǎibudào jiànkāng 听不懂 tīngbudǒng	买得到买不到？ Mǎidedào mǎibudào?
㈢方向 補語	跑得来 pǎodelái	跑不来 pǎobulái	
㈣結果 補語	听懂 tīngdǒng	没听懂 méitīngdǒng	

練習問題

▶▶▶　1．入れ替え練習

1	我喜欢吃不辣的。 Wǒ xǐhuan chī búlà de. ── 喜欢吃～的。 　　Xǐhuan chī ～ de.	①甜　　　/ ②麻辣　　/ ③酸 　tián　　　málà　　　suān ④苦　　　/ ⑤咸　　　/ ⑥清淡 　kǔ　　　xián　　　qīngdàn
2	你喜欢吃什么肉？ Nǐ xǐhuan chī shénmeròu? ── 我喜欢吃～。 　　Wǒ xǐhuan chī ～ .	①猪肉　　/ ②鸡肉　　/ ③牛肉 　zhūròu　　jīròu　　　niúròu ④肥肉　　/ ⑤瘦肉 　féiròu　　shòuròu
3	蔬菜之中，你喜欢吃什么？ Shūcài zhī zhōng ,nǐ xǐhuan chī shénme? ── 我喜欢吃～ 。 　　Wǒ xǐhuan chī ～ .	①芹菜　/ ②青椒　　/ ③ 西红柿（= 番茄） 　qíncài　　qīngjiāo　　xīhóngshì(=fānqié) ④茄子　/ ⑤白菜　/ ⑥黄瓜 　qiézi　　báicài　　huángguā ⑦南瓜　/ ⑧萝卜　/ ⑨胡萝卜 　nánguā　luóbo　　húluóbo
4	你喜欢吃 A，还是 B ？ Nǐ xǐhuan chī A, háishì B ? ── 我喜欢吃～。 　　Wǒ xǐhuan chī ～ .	A ①面条　/ ②米饭 / ③小笼包　/ ④甜的 　 miàntiáo　mǐfàn　xiǎolóngbāo　tián de B ①面包　/ ②粥　 / ③肉包　　/ ④辣的 　 miànbāo　zhōu　ròubāo　　　là de
5	你的爱好是什么？ Nǐ de àihào shì shénme? ── 我的爱好是～。 　　Wǒ de àihào shì ～ .	①听音乐　/ ②看电视　　/ ③看电影 tīng yīnyuè　kàn diànshì　　kàn diànyǐng ④弹钢琴　/ ⑤跳舞　　/ ⑥画画儿 tán gāngqín　tiàowǔ　　　huàhuàr
6	我是～迷。 Wǒ shì ～ mí .	①足球　　/ ②手球　　/ ③网球 　zúqiú　　　shǒuqiú　　wǎngqiú ④棒球　　/ ⑤篮球　　/ ⑥乒乓球 　bàngqiú　　lánqiú　　　pīngpāngqiú ⑦ K-pop

▶▶▶　2．自己紹介文を書いてみよう。

★自己紹介文を 10 行書いてみよう！（ピンインもつけてね。）
★他の人の自己紹介文を聴き取ってみよう。
★お互いに自己紹介をし、他己紹介をしてみよう！

① ....
（ピンイン）

② ....
（ピンイン）

③ ....
（ピンイン）

④ ....
（ピンイン）

⑤ ....
（ピンイン）

⑥ ....
（ピンイン）

⑦ ....
（ピンイン）

⑧ ....
（ピンイン）

⑨ ....
（ピンイン）

⑩ ....
（ピンイン）

コラム

★　中国の食　いろいろ　南甜 (nántián), 北咸 (běixián), 东辣 (dōnglà), 西酸 (xīsuān)

　広い広い中国、北方では粉食文化、南方では米食文化の習慣があります。あなたの好きな中華料理は何ですか。その中華料理はどの地方の料理か調べてみましょう。

9

チェック！
□ "多少" と "几"　　□形容詞の反対語　　□ "离"
□登校手段　　□どのくらい　　□何時に
[活動] 学校生活と私の一日　　[コラム] 中国の大学①

第9課：学校生活

81	你们汉语班有多少学生？
82	男生多还是女生多？
83	都是日本学生吗？
84	你的汉语老师是中国人吗？
85	你家离学校远不远？
86	骑自行车上学吗？
87	你每天早上几点起床？
88	周末你做什么？
89	什么时候放假？
90	日本的学校几月开学？

新出単語

汉语 Hànyǔ	名	中国語
班 bān	名	クラス
多少 duōshao	代	どのくらい
男生 nánshēng	名	男子学生
多 duō	形	多い
女生 nǚshēng	名	女子学生
离 lí	前	～から
远 yuǎn	形	遠い
骑 qí	動	（またがって）乗る
自行车 zìxíngchē	名	自転車
上学 shàngxué	動	登校する、学校へ行く
每天 měitiān	名	毎日
早上 zǎoshang	名	朝
点 diǎn	名	時間
起床 qǐchuáng	動	起床する
做 zuò	動	～する
什么时候 shénme shíhou	句	時を尋ねる疑問詞「いつ頃」「いつ」
放假 fàngjià	動	休暇になる
开学 kāixué	動	学校が始まる

81	Nǐmen Hànyǔ bān yǒu duōshao xuésheng?
82	Nánshēng duō háishi nǚshēng duō?
83	Dōu shì Rìběn xuésheng ma?
84	Nǐ de Hànyǔ lǎoshī shì Zhōngguórén ma?
85	Nǐ jiā lí xuéxiào yuǎn bu yuǎn?
86	Qí zìxíngchē shàngxué ma?
87	Nǐ měitiān zǎoshang jǐ diǎn qǐchuáng?
88	Zhōumò nǐ zuò shénme?
89	Shénme shíhou fàngjià?
90	Rìběn de xuéxiào jǐ yuè kāixué?

81	あなたたちの中国語のクラスにはどのくらいの学生がいますか？
82	男子学生が多いですか、それとも女子学生が多いですか？
83	全て日本人学生ですか？
84	あなたの中国語の先生は中国人ですか？
85	あなたの家は学校から遠いですか？
86	自転車で登校しますか？
87	毎朝何時に起きますか？
88	週末には何をしますか？
89	いつ頃休暇ですか？
90	日本の学校は何月から始まりますか？

要 点

▶ 1. 疑問詞：数を尋ねる "多少" duōshao

多少 duōshao	你们汉语班有多少学生？ Nǐmen Hànyǔ bān yǒu duōshao xuésheng?	①10以上の大きい数 ②答えが予想できない数
几 jǐ	你们学校有几位老师？ Nǐmen xuéxiào yǒu jǐ wèi lǎoshī？	①10以下の数 ②答えが予想できる数

▶ 2. 疑問詞：数を尋ねる（応用）

疑問詞		例文
几 jǐ 几＋量詞＋名詞 ＊量詞を伴う！	几个小时　jǐ ge xiǎoshí	你昨天学习几个小时？ Nǐ zuótiān xuéxí jǐ ge xiǎoshí？
	几口人　jǐ kǒu rén	你家有几口人？ Nǐ jiā yǒu jǐ kǒu rén?
	几个　　jǐ ge	你有几个孩子？ Nǐ yǒu jǐ ge háizi?
	几月几号星期几 jǐ yuè jǐ hào xīngqī jǐ	今天几月几号星期几？ Jīntiān jǐ yuè jǐ hào xīngqī jǐ?
	199 几年　yī jiǔ jiǔ jǐ nián 200 几年　èr líng líng jǐ nián	你是 199 几年出生的？ Nǐ shì yījiǔjiǔjǐ nián chūshēng de?
	几岁　　jǐ suì	你儿子快要几岁了？ Nǐ érzi kuàiyào jǐ suì le?
	几年级　jǐ nián jí	你们现在高中几年级？ Nǐmen xiànzài gāozhōng jǐ nián ji？
多少 duōshao 【注意】 数量詞を伴わない	多少 duōshao	你们班有多少学生？ Nǐmen bān yǒu duōshao xuésheng?
多少＋名詞	多少钱 duōshao qián	这个桃子多少钱？ Zhèige táozi duōshao qián?
多＋形容詞	多 duō	你女儿多大了？　Nǐ nǚ'ér duō dà le? 你多高？　　　　Nǐ duō gāo? 多远？　　　　　Duō yuǎn? 多深？　　　　　Duō shēn? 多长？　　　　　Duō cháng? 要得多长时间？　Yào děi duōcháng shíjiān? 你来日本多久了？ Nǐ lái Rìběn duō jiǔ le?

▶ 3．いろいろな形容詞

太 ～ 了！	Tài ～ le!
很 ～	hěn ～
有点儿 ～	yǒu diǎnr ～
～ 一点儿	～ yì diǎnr
比较 ～	bǐjiào ～

多 duō	⇔	少 shǎo
大 dà	⇔	小 xiǎo
好 hǎo	⇔	坏 huài
远 yuǎn	⇔	近 jìn
早 zǎo	⇔	晚 wǎn
快 kuài	⇔	慢 màn
高 gāo	⇔	矮 ǎi
热 rè	⇔	凉 liáng 冷 lěng
温暖 wēnnuǎn	⇔	凉快 liángkuai
忙 máng	⇔	闲 xián
复杂 fùzá 难 nán	⇔	简单 jiǎndān 容易 róngyì

▶ 4．いろいろな登校手段

你怎么上学？ Nǐ zěnme shàng xué？	我骑自行车上学。 Wǒ qí zìxíngchē shàngxué. 先坐公交车，然后走路上学。 Xiān zuò gōngjiāochē, ránhòu zǒu lù shàngxué.

自転車に乗って	骑自行车	qí zìxíngchē
オートバイに乗って	骑摩托车	qí mótuōchē
バスに乗って	坐公交车	zuò gōngjiāochē
地下鉄に乗って	坐地铁	zuò dìtiě
電車に乗って	坐电车	zuò diànchē
歩いて	走路	zǒulù

▶ 5．前置詞“离”lí

你家离学校远不远？ Nǐ jiā lí xuéxiào yuǎnbuyuǎn?	我家离学校很远。 Wǒ jiā lí xuéxiào hěn yuǎn. ＝从我家到学校很远。 Cóng wǒ jiā dào xuéxiào hěn yuǎn.

▶ 6．一日の時間

早晨	zǎochén	白天	báitiān
早上	zǎoshang	下午	xiàwǔ
上午	shàngwǔ	傍晚	bàngwǎn
中午	zhōngwǔ	晚上	wǎnshang

你什么时候～？　　　　　　Nǐ shénme shíhou ～?

看电视	kàn diànshì
看电影	kàn diànyǐng
出去玩儿	chūqu wánr
有课 / 没有课	yǒu kè / méiyǒu kè
在家	zài jiā
散散步	sànsan bù
听音乐	tīng yīnyuè
去吃饭	qù chīfàn

決まり文句

▶▶ 1. どのくらい？

几天？ jǐ tiān?	一天　yìtiān　=二十四个小时 èrshisì ge xiǎoshí 两天　liǎngtiān
几个星期？ jǐ ge xīngqī?	一个星期　=七天 两个星期
几个月？ jǐ ge yuè?	一个月　=三十天 两个月
几年？ jǐ nián?	一年　=十二个月 两年
多长时间？ duō cháng shíjiān?	两三年 五个半小时

▶▶ 2. 何時に？

几点起床？ Jǐ diǎn qǐchuáng?	几点睡觉？ Jǐ diǎn shuìjiào?	几点吃早饭？ Jǐ diǎn chī zǎofàn?
几点上学？ Jǐ diǎn shàngxué?	几点回家？ Jǐ diǎn huíjiā?	几点上课？ Jǐ diǎn shàngkè?
几点下课？ Jǐ diǎn xiàkè?	几点放学？ Jǐ diǎn fàngxué?	几点洗澡？ Jǐ diǎn xǐzǎo?
几点看电视？ Jǐ diǎn kàn diànshì?	从几点开始学习？ Cóng jǐ diǎn kāishǐ xuéxí?	

	两点一刻 yí kè 两点十五分		两点三刻 sān kè 两点四十五分
	两点半 bàn 两点三十分		差五分（三点） chà wǔ fēn (sān diǎn) 两点五十五分

練習問題

▶▶▶ **1．入れ替え練習**

1	你们汉语班有～？ Nǐmen Hànyǔ bān yǒu ～？	①多少学生 duōshao xuésheng ③多少男生 duōshao nánshēng	②几位老师 jǐ wèi lǎoshī ④几个外国人 jǐ ge wàiguórén
2	周末你做什么？ Zhōumò nǐ zuò shénme？	①去买东西　②预习复习　③去玩儿 qù mǎi dōngxi　yùxí fùxí　qù wánr ④休息　　⑤去逛街 xiūxi　　qù guàngjiē
3	什么时候～？ Shénme shíhou ～？	①暑假　　②春假　　③寒假 shǔjià　　chūnjià　　hánjià ④放假　　⑤考试 fàngjià　　kǎoshì
4	现在几点？ Xiànzài jǐ diǎn？	①2時　②4時半　③6時45分 ④9時50分（10時10分前）　⑤11時15分

▶▶▶ **2．学校生活について話してみよう！聞いてみよう！**

① 毎日の生活

尋ね方	
答え方	

② クラスの様子、先生について

尋ね方	
答え方	

③ 学校までの通学手段と距離

尋ね方	
答え方	

④　週末の過ごし方

尋ね方	....
答え方	

⑤　私の一日

自由作文

....

....

....

....

....

....

コラム

★　中国の大学①　大学生活　いろいろ

　中国の大学入学試験（高考 gāokǎo）は、年1回、6月に2日間行われます。中国では、省や自治区で統一試験を行います。その試験は、省独自問題のところもあるそうです。学生は、試験の結果によって、自分の行きたい大学の学部を申請し、大学が合否を発表します。広大な中国では、都市部と農村部の学力差が大きいため、農村部出身の学生や少数民族の学生などには優遇制度があるといわれています。

第10課：病気◆病院

新出単語

91	你怎么了？无精打采的！
92	我不太舒服。
93	哪儿不舒服？
94	头疼，咳嗽。
95	发不发烧？肚子怎么样？
96	没有发烧，有点儿拉肚子。
97	去医院了吗？大夫怎么说？
98	打针吃药都没用。
99	你要好好儿休息吧。
100	多喝热水，多穿衣服，多多保重。

* 怎么了？ zěnme le?	句	「どうしたの？」
* 无精打采 wú jīng dǎ cǎi	句	四字熟語 「意気消沈する」
舒服 shūfu	形	調子がいい、快適だ、 気分がいい
头 tóu	名	頭
疼 téng	形	痛い
咳嗽 késou	動	咳がでる
发烧 fāshāo	動	熱が出る
肚子 dùzi	名	おなか
有点儿 yǒudiǎnr	副	すこし~だ。(好まし くない場合に用いる)
拉 lā	動	引く
* 拉肚子 lā dùzi	句	おなかを下す
医院 yīyuàn	名	病院
大夫 dàifu	名	医者（="医生"）
怎么 zěnme	代	どのように
说 shuō	動	言う
打针 dǎzhēn	動	注射をする
吃药 chī yào	動	薬を飲む
* 没用 méi yòng	句	役に立たない、何に もならない
要 yào	助 動	~する必要がある

91	Nǐ zěnme le? Wú jīng dǎ cǎi de!
92	Wǒ bú tài shūfu.
93	Nǎr bù shūfu?
94	Tóuténg, késou.
95	Fā bu fāshāo? Dùzi zěnmeyàng?
96	Méiyǒu fāshāo, yǒudiǎnr lā dùzi.
97	Qù yīyuàn le ma? Dàifu zěnme shuō?
98	Dǎ zhēn chī yào dōu méi yòng.
99	Nǐ yào hǎohāor xiūxi ba.
100	Duō hē rè shuǐ, duō chuān yīfu, duōduō bǎozhòng.

好好儿 hǎohāor	副	十分に、よく
休息 xiūxi	動	休む
多 duō	副	たくさん、多く
喝 hē	動	飲む
热水 rèshuǐ	名	お湯
穿 chuān	動	着る
衣服 yīfu	名	服
保重 bǎozhòng	動	健康に気をつける

91	どうしたの？元気ないね。
92	あまり調子がよくなくて。
93	どこが具合悪いの？
94	頭痛と、せき。
95	熱は？おなかはどう？
96	熱はなくて、ちょっとおなかを下している。
97	病院には行った？お医者さんはどう言っているの？
98	注射も薬もいらないって。
99	じゃあ、よく休んで。
100	お湯をたくさん飲み、厚着して、お大事に。

要 点

▶ 1. 疑問詞："怎么" zěnme　どうする、どのように

怎么了？ Zěnme le?	他怎么了？为什么不来？ Tā zěnme le? Wèi shénme bù lái?
怎么说？ Zěnme shuō?	你妈妈怎么说？ Nǐ māma zěnme shuō?
怎么念？ Zěnme niàn?	这个字，怎么念？ Zhège zì, zěnme niàn?
怎么写？ Zěnme xiě?	你的名字怎么写？ Nǐ de míngzi zěnme xiě?
怎么办？ Zěnme bàn?	糟了！该怎么办？ Zāo le! Gāi zěnme bàn?
怎么卖？ Zěnme mài?	苹果，怎么卖？ Píngguǒ, zěnme mài?
怎么样？ = 怎样？ Zěnmeyàng? = Zěnyàng?	身体怎么样？还好吗？ Shēntǐ zěnmeyàng? Hái hǎo ma?

▶ 2. 副詞 "有点儿" yǒudiǎnr

有点儿拉肚子。　　　　　Yǒudiǎnr lā dùzi.

我有点儿头疼了！　　　　Wǒ yǒudiǎnr tóuténg le!

有点儿快！　　　　　　　Yǒudiǎnr kuài !

▶ 3. 形容詞の重ね型

※形容詞＋形容詞＋"儿"【声調に注意！】

好好儿 hǎohāor	你好好儿休息吧！ Nǐ hǎohāor xiūxi ba!
慢慢儿 mànmānr	你慢慢儿吃吧！ Nǐ mànmānr chī ba!

▶ **4．副詞 " 多 "duō**

多喝水！	Duō hē shuǐ！
多穿衣服！	Duō chuān yīfu！
多多练习！	Duōduō liànxí！

決まり文句

▶▶ **1．具合**

你怎么了？ Nǐ zěnme le?	不舒服。	Bù shūfu.
	不太舒服。	Bú tài shūfu.
	生病了。	Shēng bìng le.
	着凉了。	Zháo liáng le.
	感冒了。	Gǎnmào le.
	肚子疼。	Dùzi téng.
	没什么，我身体很好。	Méi shénme, wǒ shēntǐ hěn hǎo.

▶▶ **2．痛い**

头疼	tóuténg
疼得厉害！	Téngde lìhai!
疼痛难忍	téngtòng nánrěn

▶▶ **3．熱が出る**

发不发烧？ Fā bù fāshāo?	昨晚我发烧了！ Zuówǎn wǒ fāshāo le!

▶▶ **4．治療**

打针	dǎzhēn
吃药	chī yào
动手术	dòng shǒushù

▶▶ 5．"没"のいろいろ

没用 méiyòng	没办法 méi bànfǎ	没意思 méi yìsi
没错儿 méi cuòr	没事 méi shì	没什么 méi shénme

▶▶ 6．たくさん〜する

多喝热水 duō hē rè shuǐ	多穿衣服 duō chuān yīfu	多吃点儿 duō chīdiǎnr
多多保重 duōduō bǎozhòng	多多练习 duōduō liànxí	多听多说 duō tīng duō shuō

▶▶ 7．よくなってきた

好起来了。　　　　　　Hǎoqilai le.

好多了。　　　　　　　Hǎoduō le.

練習問題

▶▶▶ 1．入れ替え練習

1	〜疼。 〜 téng.	①头 tóu	②眼睛 yǎnjing	③耳朵 ěrduo	④鼻子 bízi	⑤脖子 bózi
		⑥手 shǒu	⑦胳膊 gēbo	⑧腰 yāo	⑨腿 tuǐ	⑩肌肉 jīròu

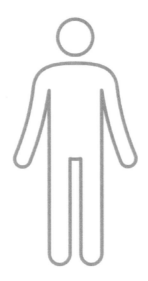

基礎知識

★ 身体の名称

脸 liǎn	头 tóu	头发 tóufa	眼睛 yǎnjing	鼻子 bízi
耳朵 ěrduo	嘴 zuǐ	牙 yá	嗓子 sǎngzi	舌头 shétou
身体 shēntǐ	肩膀 jiānbǎng	胳膊 gēbo	胸 xiōng	背 bèi
肚子 dùzi	屁股 pìgu	膝盖 xīgài	腿 tuǐ	脚 jiǎo

★ 病気と症状

头疼 tóuténg	胃疼 wèiténg	恶心 ěxīn	流感 liúgǎn
咳嗽 késou	发烧 fāshāo	拉肚子 lā dùzi	过敏 guòmǐn
便秘 biànmì	感冒 gǎnmào	癌症 áizhèng	中暑 zhòngshǔ
花粉症 huāfěn-zhèng	全身没劲儿 quánshēn méijìnr	睡不着 shuìbuzháo	贫血 pínxiě

★ 2020 年の新語

新冠病毒 Xīnguān bìngdú	老毛病 lǎo máobìng	社交距离 shèjiāo jùlí

11

第11課：買い物

101	今天你穿的连衣裙真漂亮！
102	你在哪儿买的？
103	上个周末去原宿，那时候买的。
104	多少钱？
105	大约八千左右。
106	太贵了！讨价还价了吗？
107	是吗？我觉得便宜！
108	你看，这个款式是现在非常流行的，而且是名牌儿。
109	下次一定带我去，好不好！
110	好啊！咱们一块儿去逛逛吧！

新出単語

连衣裙 liányīqún	名	ワンピース
多么 duōme	副	(感嘆文) なんて～なんだろう！
真 zhēn	副	本当に、確かに
漂亮 piàoliang	形	美しい
上个 shàng ge	句	前の
原宿 Yuánsù	名	原宿
那时候 nà shíhou	代	その時
买 mǎi	動	買う
* 多少钱？ Duōshao qián?	句	(値段を尋ねる) いくら？
大约 dàyuē	副	おおよそ
千 qiān	数	1000
左右 zuǒyòu	代	～前後、～ぐらい
贵 guì	形	(値段が) 高い
* 讨价还价 tǎojiàhuánjià	句	値段の駆け引きをする
觉得 juéde	動	～だと思う、～感じる
便宜 piányi	形	(値段が) 安い
* 你看 nǐ kàn	句	(相手に注意を促す)「見て！」「ほら！」
款式 kuǎnshì	名	デザイン
非常 fēicháng	副	非常に、とても

101	Jīntiān nǐ chuān de liányīqún zhēn piàoliang!
102	Nǐ zài nǎr mǎi de?
103	Shàng ge zhōumò qù Yuánsù, nà shíhou mǎi de.
104	Duōshao qián?
105	Dàyuē bā qiān zuǒyòu.
106	Tài guì le! Tǎojiàhuánjià le ma?
107	Shì ma? Wǒ juéde piányi!
108	Nǐ kàn, zhège kuǎnshì shì xiànzài fāicháng liúxíng de, érqiě shì míngpáir.
109	Xiàcì yídìng dài wǒ qù, hǎobuhǎo!
110	Hǎo a! Zánmen yíkuàir qù guàngguang ba!

流行 liúxíng	動	流行する
而且 érqiě	接	そのうえ、さらに
名牌儿 míngpáir	名	ブランドもの
下次 xiàcì	名	次
一定 yídìng	副	絶対、必ず
带 dài	動	～を連れて、～を伴って
一块儿 yíkuàir	副	一緒に
＊逛逛 guàngguang	動	動詞の重ね型 「街をぶらぶらする」

101	今日のワンピースとってもきれい！
102	どこで買ったの？
103	先週末原宿に行って、その時買ったの。
104	いくら？
105	だいたい八千円くらい。
106	とっても高い！値段交渉したの？
107	そう？私は安いと思う。
108	見て、このスタイルは今とっても流行しているの、それにこれはブランドものだよ。
109	次は必ず連れて行って、いい？
110	いいよ！一緒に街ブラしよう！

Web 発音ガイド→
https://beijinghaorizi.net/

要 点

▶ 1. お金の言い方：多少钱？Duōshao qián?

人民币　　Rénmínbì　　（人民元）

1元（札）	一块（钱）yí kuài(qián)（コイン）	5元（札）	五块 wǔ kuài
10元（札）	十块 shí kuài	20元（札）	二十块 èrshí kuài
50元（札）	五十块 wǔshí kuài	100元（札）	一百块 yìbǎi kuài

お金の単位		×10＝元	×10＝角
表記	元 yuán	角 jiǎo	分 fēn
口語	块 kuài	毛 máo	分 fēn

1～	一块（钱）yí kuài (qián)	两块（钱）liǎng kuài (qián)	三块（钱）sān kuài (qián)
10～	十块　shí kuài	二十块　èrshí kuài	三十块　sānshí kuài
100～	一百块　yìbǎi kuài	两百　liǎng bǎi	三百　sān bǎi
1000～	一千　yìqiān	两千　liǎng qiān	三千　sān qiān
10000～	一万　yíwàn	两万　liǎng wàn	三万　sān wàn
100000～	十万　shíwàn	二十万　èrshí wàn	三十万　sānshí wàn

＜大きな数＞

1500 ＝ 一千五百　yì qiān wǔ bǎi　　　＝ 一千五　　yì qiān wǔ

1050 ＝ 一千零五十 yì qiān líng wǔshí

1005 ＝ 一千零五 yì qiān líng wǔ

▶ 2. 副詞 "太" tài

太棒了！　　　　　　　　Tài bàng le!

太便宜了！　　　　　　　Tài piányi le!

太贵了，便宜点儿行不行？　Tài guì le, piányi diǎnr xíngbuxíng?

▶ **3．動詞 " 觉得 " juéde**

我觉得不便宜。　　　　　Wǒ juéde bù piányi.

決まり文句

▶▶ **1．きれい！**

好看！ Hǎo kàn!	漂亮！ Piàoliang!	很美！ Hěn měi!
很好！ Hěn hǎo!	真好！ Zhēn hǎo!	真帅！ Zhēn shuài!

▶▶ **2．おいくらですか？**

多少钱？ Duōshao qián?		一百块钱。
几块 (钱)? Jǐ kuài (qián)?		五块。
怎么卖？ Zěnme mài?		三十块一斤。

▶▶ **3．特価品です！**

特价！ Tèjià!	打折 dǎzhé	打 8 折 dǎ bā zhé
给你优惠！ Gěi nǐ yōuhuì!	买三送一！ Mǎi sān sòng yī!	能打折扣吗？ Néng dǎ zhékòu ma?
能不能便宜？ Néngbunéng piányi ?		

▶▶ **4．どうですか？**

怎么样？ Zěnmeyàng?		很好！
你觉得怎么样？ Nǐ juéde zěnmeyàng?		我觉得太贵了！

▶▶ **5. ちょっと～～。**

有点儿大。	Yǒudiǎnr dà.
有一点大。	Yǒu yìdiǎn dà.

▶▶ **6. とてもいいわ！**

太好了！	Tài hǎo le!
太棒了！	Tài bàng le!

練習問題

▶▶▶ **1. 入れ替え練習**

1	这条～。Zhè tiáo ～.	①线 xiàn ②鱼 yú ③狗 gǒu ④大街 dàjiē
2	好～！ Hǎo ～!	①听 tīng ②吃 chī ③喝 hē ④玩儿 wánr
3	又 A 又 B！ Yòu A yòu B!	A ①大 dà ②好吃 hǎochī ③漂亮 piàoliang B ①重 zhòng ②便宜 piányi ③有能力 yǒu nénglì
4	有点儿～！ Yǒudiǎnr ～!	①贵 guì ②宽 kuān ③细 xì ④肥 féi ⑤紧 jǐn ⑥酸 suān ⑦辣 là
5	可以～吗？Kěyǐ ～ ma?	①试试 shìshi ②听听 tīngting ③看看 kànkan
6	太～了！ Tài ～ le!	①棒 ②便宜 ③贵 ④聪明 bàng piányi guì cōngming ⑤谢谢您 ⑥热 ⑦不方便 ⑧没意思 xièxie nín rè bù fāngbiàn méi yìsi
7	一共多少钱？ Yígòng duōshao qián?	① 9 块 ② 20 块钱 ③ 3 块 8 毛 7 jiǔ kuài èrshí kuài qián sān kuài bā máo qī ④两万日元 ⑤四千欧元 liǎng wàn Rìyuán sì qiān Ōuyuán ⑥五百美元 ⑦一亿人民币 wǔbǎi Měiyuán yí yì Rénmínbì

▶▶▶　2．いろいろなお店で買い物してみよう！

【蔬菜 shūcài】

西红柿（番茄） xīhóngshì (fānqié)	蘑菇 mógu	土豆（马铃薯） tǔdòu(mǎlíngshǔ)	娃娃菜 wāwācài	茄子 qiézi
白菜 báicài	芹菜 qíncài	韭菜 jiǔcài	菠菜 bōcài	青椒 qīngjiāo
黄瓜 huángguā	南瓜 nánguā	豆苗 dòumiáo	冬瓜 dōngguā	红薯 hóngshǔ
萝卜 luóbo	胡萝卜 húluóbo	大豆 dàdòu	豆芽 dòuyá	栗子 lìzi
葱（大葱） cōng(dàcōng)	洋葱 yángcōng	玉米 yùmǐ	蒜 suàn	姜 jiāng

【水果 shuǐguǒ】

苹果 píngguǒ	香蕉 xiāngjiāo	葡萄 pútao	菠萝 bōluó	柠檬 níngméng	梨子 lízi
橘子 júzi	柿子 shìzi	荔枝 lìzhī	西瓜 xīguā	芒果 mángguǒ	草莓 cǎoméi

【食品 shípǐn】

豆腐 dòufu	鸡蛋 jīdàn	米 mǐ	面粉 miànfěn	油条 yóutiáo	春卷 chūnjuǎn
面条 miàntiáo	面包 miànbāo	馒头 mántou	包子 bāozi	馄饨 húntun	烧卖 shāomài

【调料 tiáoliào】

糖 táng	酱油 jiàngyóu	油 yóu	盐 yán	醋（黑醋） cù(hēicù)	奶酪 nǎilào
胡椒 hújiāo	花椒 huājiāo	蕃茄酱 fānqiéjiàng	蛋黄酱 dànhuángjiàng	果子酱 guǒzijiàng	黄油 huángyóu

【饮料 yǐnliào/ 零食 língshí】

豆浆 dòujiāng	牛奶 niúnǎi	果汁 guǒzhī	咖啡 kāfēi	红茶 hóngchá	矿泉水 kuàngquánshuǐ
可口可乐 Kěkǒu kělè	雪碧 Xuěbì	汽水 qìshuǐ	饼干 bǐnggān	曲奇 qǔqí	蛋糕 dàngāo
雪糕 xuěgāo	冰淇淋 bīngqílín	冰棍儿 bīnggùnr	巧克力 qiǎokèlì	糖（糖果） táng(tángguǒ)	口香糖 kǒuxiāngtáng

【肉 ròu】

猪肉 (= 肉) zhūròu (ròu)	鸡肉 jīròu	牛肉 niúròu	羊肉 yángròu	青蛙 (田鸡) qīngwā (tiánjī)

【酒 jiǔ】

白酒 báijiǔ	老酒 lǎojiǔ	黄酒 huángjiǔ	绍兴酒 shàoxīngjiǔ	无醇啤酒 wúchún píjiǔ
啤酒 píjiǔ	葡萄酒 (红酒) pútaojiǔ(hóngjiǔ)	白兰地 báilándì	威士忌 wēishìjì	日本酒 Rìběnjiǔ

【衣服 yīfu】

迷你裙 mínǐqún	连衣裙 liányīqún	裙子 qúnzi	裤子 kùzi	牛仔裤 niúzǎikù
衬衫 chènshān	T 恤衫 tīxùshān	汗衫 hànshān	旗袍 qípáo	大衣 dàyī
长袜子 chángwàzi	内衣 nèiyī	睡衣 shuìyī	上衣 shàngyī	围巾 ／ 丝巾 wéijīn /sījīn
(戴) 帽子 (dài)màozi	(戴) 眼镜 (dài)yǎnjìng	(系) 领带 (jì)lǐngdài	(戴) 手表 (dài)shǒubiǎo	(穿) 鞋子 (chuān)xiézi
化妆品 huàzhuāngpǐn	口红 kǒuhóng	手提包 shǒutíbāo	书包 shūbāo	运动鞋 yùndòngxié
长袖 ／ 短袖 ／ 无袖 chángxiù/duǎnxiù/wúxiù	领子 lǐngzi	口袋 kǒudài	钮扣 niǔkòu	

【面包 miànbāo】

三明治 sānmíngzhì	面包 miànbāo	汉堡包 hànbǎobāo	热狗 règǒu	布丁 bùdīng

【世界の企業・ブランド】

麒麟 Qílín	骆驼 Luòtuo	斑马 Bānmǎ
雅虎 Yǎhǔ	奥迪 Àodí	苹果电脑 Píngguǒ diànnǎo
古奇 Gǔqí	三里 Sānlǐ	强生 Qiángshēng
卡西欧 Kǎxī'ōu	丰田汽车公司 Fēngtián qìchē gōngsī	伊藤洋华堂 Yīténg yánghuátáng

＜活动＞ 买卖

	服务员	客人
1	欢迎光临！　Huānyíng guānglín！ 你要什么？　Nǐ yào shénme？ 你喜欢什么颜色的?	我要～～。 我喜欢～～。
2	要几个？ 一个～块钱。	我要～个。 多少钱一个？
3	不贵！ ～块钱，怎么样？	太贵了！ 便宜点儿，好不好？
4	还要别的吗？　Hái yào biéde ma？ 这个怎么样？ 很好看！	不要了。
5	一共～块钱。　Yígòng ～ kuài qián.	一共多少钱？
6	找您～块钱。 Zhǎo nín ～ kuài qián. 欢迎再来！	给你～块钱。 Gěi nǐ ～ kuài qián. 再见。

コラム

★　中国の幼稚園　いろいろ

　娘の通っていた中国の幼稚園（幼儿园 yòu'éryuán）には、通いクラス（日托班 rìtuō bān）と全寮制のクラス（全托班 quántuō bān）がありました。幼稚園の一日は、外で朝の体操（早操 zǎocāo）があり、通いクラスの子供たちは任意で参加していました。そのあと教室に入り、まずお湯（白开水 bái kāishuǐ）を飲むことから始まるそうです。朝食・１０時のおやつ・昼食・３時のおやつ・夕食とお昼寝があります。お昼寝（午睡 wǔshuì）は、日本の保育園のように自分専用のお布団とパジャマ（睡衣 shuìyī）で休みます。娘の幼稚園では二段ベットでした。

第12課：デートの約束

111	这周六也你有汉语课吗？
112	没有，不过我有课外活动。
113	有什么活动？补习班吗？
114	不是，我参加学校的排球队，每周活动五天。
115	那，周末也有练习吗？
116	有时候有，但是下周天没有。
117	太好了！我们约会，怎么样？
118	行！横滨的中华街，你去过没有？
119	去那儿的话，坐什么线的电车呀？
120	我也不知道，你查查吧！

新出単語

这周六 Zhè zhōuliù	句	今週土曜日
汉语 Hànyǔ	名	中国語
课 kè	名	授業
不过 búguò	接	（口語）しかし、けれども
课外活动 kèwài huódòng		
	名	課外活動
补习班 bǔxí bān	名	補習、補講
参加 cānjiā	動	参加する
排球队 páiqiú duì	名	バレーボール部
练习 liànxí	名	練習
有时候 yǒu shíhou	句	時には
但是 dànshì	接	しかし、けれども
下周天 xià zhōutiān	時	来週の日曜日
* 太好了！ Tài hǎo le!		
	句	とてもいいね！"太＋〔形容詞〕＋了"（非常に〔形容詞〕だ）
约会 yuēhuì	動	約束する
* 怎么样？ Zěnme yàng?		
	句	どうですか？
行 xíng	形	よい、かまわない
横滨 Héngbīn	名	横浜
中华街 Zhōnghuájiē	名	中華街

111	Zhè zhōuliù yě nǐ yǒu Hànyǔ kè ma?
112	Méiyǒu,búguò wǒ yǒu kèwài huódòng.
113	Yǒu shénme huódòng? Bǔxíbān ma?
114	Bú shì, wǒ cānjiā xuéxiào de páiqiú duì, měizhōu huódòng wǔ tiān.
115	Nà,zhōumò yě yǒu liànxí ma?
116	Yǒu shíhou yǒu, dànshì xiàzhōutiān méiyǒu.
117	Tài hǎo le! Wǒmen yuēhuì, zěnmeyàng?
118	Xíng! Héngbīn de Zhōnghuájiē ,nǐ qùguo méiyǒu?
119	Qù nàr de huà,zuò shénme xiàn de diànchē ya?
120	Wǒ yě bù zhīdào, nǐ chácha ba!

过 guo	助	～したことがある (過去の経験)
* 的话 de huà	句	～ということならば
坐 zuò	動	乗る
线 xiàn	名	～線
电车 diànchē	動	電車
呀 ya	助	語気助詞
查查 chácha	動	ちょっと調べる "動詞"×2 ＝ちょっと～する

111	今週土曜日にも中国語の授業があるの？
112	ないけど、課外活動があるの。
113	何の活動？補習？
114	違います、学校のバレーボール部に参加していて、毎週5日活動があります。
115	それじゃ、週末も練習があるの？
116	ある時もあるけど、来週の日曜はないよ。
117	やった！デートしようよ、どう？
118	いいよ！横浜の中華街、行ったことある？
119	そこに行くには、どの電車に乗ればいいのかな？
120	私もわからないから、あなた調べて！

要 点

▶ 1．スポーツの名称

你喜欢～吗？　　　　　　Nǐ xǐhuan ～ ma ?
你喜欢A还是B？　　　　Nǐ xǐhuan A háishi B?
～，你喜欢打还是看？　～, nǐ xǐhuan dǎ háishi kàn?

(打) 篮球	(dǎ) lánqiú	滑雪	huáxuě
(踢) 足球	(tī) zúqiú	(打) 橄榄球	(dǎ) gǎnlǎnqiú
(打) 网球	(dǎ) wǎngqiú	(打) 高尔夫	(dǎ) gāo'ěrfū
(打) 排球	(dǎ) páiqiú	(打) 乒乓球	(dǎ) pīngpāngqiú
(打) 羽毛球	(dǎ) yǔmáoqiú	(打) 棒球	(dǎ) bàngqiú
(打) 保龄球	(dǎ) bǎolíngqiú	游泳	yóuyǒng

▶ 2．首都圏の駅名

你想去哪儿？　　　　　Nǐ xiǎng qù nǎr ?
　── 我想去～。　　　── wǒ xiǎng qù ～ .
～，你去过没有？　　　～, nǐ qùguo méiyou ?

东京	Dōngjīng	银座	Yínzuò
新宿	Xīnsù	浅草	Qiǎncǎo
池袋	Chídài	六本木	Liùběnmù
原宿	Yuánsù	目黑	Mùhēi
新桥	Xīnqiáo	品川	Pǐnchuān
滨松町	Bīnsōngdīng	三鹰	Sānyīng
日暮里	Rìmùlǐ	吉祥寺	Jíxiángsì
秋叶原	Qiūyèyuán	武藏小金井	Wǔzàngxiǎojīnjǐng
神田	Shéntián	国分寺	Guófēnsì
御茶之水	Yùcházhīshuǐ	立川	Lìchuān

★首都圏路線図

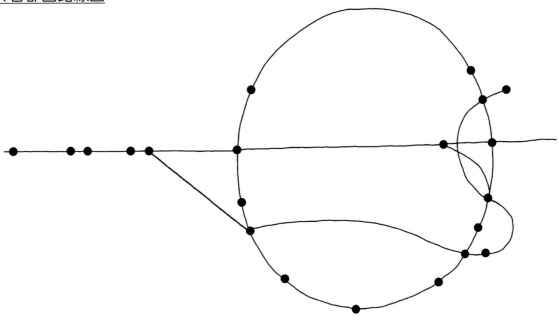

★東京の観光名所

晴空塔 Qíngkōngtǎ	东京塔 Dōngjīngtǎ	皇居 Huángjū
上野动物园 Shàngyě dòngwùyuán	迪士尼乐园 Díshiní lèyuán	迪士尼海洋 Díshiní hǎiyáng

練習問題

▶▶▶ 1．入れ替え練習

| 1 | A 你有 B 吗？
A nǐ yǒu B ma? | ① A 今天下午　　　　B 汉语课
　　jīntiān xiàwǔ　　　 Hànyǔ kè
② A 下星期五　　　　B 事
　　xià xīngqī wǔ　　　shì
③ A 这周末　　　　　B 活动
　　zhè zhōumò　　　　huódòng
④ A 礼拜天　　　　　B 课
　　lǐbài tiān　　　　　kè
⑤ A 明天　　　　　　B 补习班
　　míngtiān　　　　　bǔxí bān |

2	～你在家吗？ ～ nǐ zài jiā ma?	①后天 hòutiān ③10月4号 shí yuè sì hào	②下周三 xià zhōusān ④圣诞节 Shèngdàn Jié
3	～你做什么？ ～ nǐ zuò shénme?	①在家看电视 zài jiā kàn diànshì ②在网吧上网 zài wǎngbā shàng wǎng ③在图书馆学习 zài túshūguǎn xuéxí	
4	你喜欢做什么运动？ Nǐ xǐhuan zuò shénme yùndòng? 我喜欢～。	①打篮球　②打棒球　③打乒乓球 dǎ lánqiú　dǎ bàngqiú　dǎ pīngpāngqiú ④打羽毛球　⑤游泳 dǎ yǔmáoqiú　yóuyǒng	
5	去新宿坐什么线的电车？ Qù Xīnsù zuò shénme xiàn de 　　diànchē? —— ～。　～.	①中央线 Zhōngyāng Xiàn ③西武新宿线 Xīwǔ Xīnsù Xiàn	②总武线 Zǒngwǔ Xiàn ④山手线 Shānshǒu Xiàn

▶▶▶　2．好きなスポーツについて書いてみよう！

1	你喜欢运动吗？	
2	你喜欢什么运动？	
3	喜欢看还是打？	
4	从什么时候开始？	
5	在哪儿活动？	
6	你打得怎么样？	

▶▶▶ 3. 一週間の予定を書いてみよう！

1	星期一	
2	星期二	
3	星期三	
4	星期四	
5	星期五	
6	星期六	
7	星期天	

コラム

★　中国の小学校　いろいろ

　中国では小学校6年間、中学校3年間が義務教育で、多くは住んでいる地域の学校に通います。学校は9月入学式、6月卒業式の二期制で、旧正月（春节 Chūnjié）の頃と夏休みが長期休暇になります。小学校から教師は教科担任制で、主要科目（语言 Yǔyán・数学 Shùxué・英语 Yīngyǔ）を重点的に学びます。お昼休みが長く、給食もありますが、家に帰って食事をとる生徒もいます。放課後のクラブ活動や補習クラス (补习班 bǔxí bān) が人気でした。また、共働き社会のためか、日本の学校のように保護者や地域の人に公開された運動会や展覧会・音楽会、また文化祭などはないようでした。

チェック！　□離合詞　　□"给"　　□丁寧な表現
[活動] 点菜　★さまざまな料理

第13課：食事

121	欢迎光临！你们几位？
122	这是菜单，请点菜，喝什么饮料？
123	先来一瓶红酒吧。你会喝吗？
124	我不能喝，给我可乐吧！
125	好的。你还要什么？
126	你点吧，我对川菜不太熟悉。
127	没问题。来一个冷菜拼盘儿，一个辣子鸡丁，一个麻婆豆腐，再来一个酸辣汤。
128	听起来，我快辣死了！你再想想吧！
129	青椒牛肉丝和海鲜汤，怎么样？
130	那么，辣子鸡丁不要了。拿手菜是什么？

新出単語

* 欢迎光临 huānyíng guānglín		
	句	いらしゃいませ。
位 wèi	量	～名様
点菜 diǎn cài	句	料理を注文する
喝 hē	動	飲む
饮料 yǐnliào	名	飲み物
先 xiān	副	まず、最初に
瓶 píng	量	～本（瓶入り）
红酒 hóngjiǔ	名	ワイン
给 gěi	動	～にください
可乐 kělè	名	コーラ
好的 hǎo de	名	かしこまりました（丁寧な表現）
要 yào	動	必要だ、欲しい
点 diǎn	動	注文する
川菜 Chuāncài	名	四川料理
对 duì	前	～について
熟悉 shúxi	動	熟知している、よく知っている
没问题 méi wèntí		
	句	問題ない
来一个 lái yí ge	句	料理を注文する時の言い方
冷菜拼盘儿 Lěngcài pīnpánr	名	料理名 前菜の盛り合わせ
辣子鸡丁 Làzi jīdīng	名	料理名 鶏の唐辛子炒め
麻婆豆腐 Mápó dòufu	名	料理名 麻婆豆腐
酸辣汤 Suānlàtāng	名	料理名 酸辣湯
听 tīng	動	聞く
* 听起来 tīngqilai	句	聞いたところ

121	Huānyíng guānglín! Nǐmen jǐ wèi?
122	Zhè shì càidān, qǐng diǎn cài, hē shénme yǐnliào?
123	Xiān lái yì píng hóngjiǔ ba. Nǐ huì hē ma?
124	Wǒ bù néng hē,gěi wǒ kělè ba!
125	Hǎo de. Nǐ hái yào shénme?
126	Nǐ diǎn ba, wǒ duì Chuāncài bú tài shúxi.
127	Méi wèntí. Lái yí ge Lěngcài pīnpánr, yí ge Làzi jīdīng, yí ge Mápó dòufu, zàilái yí ge Suānlàtāng.
128	Tīngqilai, wǒ kuài là sǐ le! Nǐ zài xiǎngxiang ba!
129	Qīngjiāo niúròusī hé Hǎixiāntāng, zěnmeyàng?
130	Nàme, Làzi jīdīng bú yào le. Náshǒucài shì shénme?

*快〜了 kuài 〜 le	句	もう少しで〜しそうだ
*辣死 làsǐ	句	死ぬほど辛い
再 zài	副	再び、再度、もう少し
*想想 xiǎngxiang	動	「ちょっと考える」(同じ動詞を重ねると「ちょっと〜する」)
青椒牛肉丝　Qīngjiāo niúròusī		
	名	料理名 青椒牛肉絲
海鲜汤 Hǎixiāntāng	名	料理名 海鮮スープ
拿手菜 náshǒucài	名	得意料理

121	ようこそいらっしゃいませ。何名様ですか？
122	メニューです、ご注文をどうぞ、何をお飲みになりますか？
123	まずワインをお願いします。飲めますか？
124	飲めません、コーラをください。
125	かしこまりました。その他には？
126	あなたが注文してください。私は四川料理に詳しくなくて。
127	大丈夫です。前菜盛り合わせ、鶏の唐辛子炒め、麻婆豆腐それから酸辣湯ですね。
128	聞いただけで、もう辛すぎて倒れそう！もうちょっと考えてみて！
129	青椒牛肉絲と海鮮スープはどうかな？
130	では、鶏の唐辛子炒めはいりません。おすすめは？

Web 発音ガイド→
https://beijinghaorizi.net/

要 点

▶ 1．"喝茶" hē chá

喝什么茶？　Hē shénme chá?	喝茉莉花茶。　Hē mòlihuāchá.

▶ 2．動詞 "给" gěi：给＋人＋もの

你给我巧克力。　　　　　Nǐ gěi wǒ qiǎokèlì.
我给你巧克力。　　　　　Wǒ gěi nǐ qiǎokèlì.

▶ 3．丁寧な表現："好的" hǎode

好的。 　Hǎo de.	你给我菜单。 ⇒好的。	Nǐ gěi wǒ càidān. Hǎo de.
是的。 　Shì de.	你是留学生吗？ ⇒是的。	Nǐ shì liúxuéshēng ma? Shì de.

▶ 4．動詞＋ "起来"

①動作が下から上へ向かうこと	你站起来吧！　　Nǐ zhànqilai ba!
②動作や状況が始まり、そのまま継続 　　すること	春天快要来了，天气渐渐暖和起来了。 Chūntiān kuàiyào lái le, tiānqì jiànjiàn 　　　nuǎnhuoqilai le.
③動作が完成して、目標を達成すること、 　　一つにまとまること	学校合唱队组织起来了。 Xuéxiào héchàngduì zǔzhīqilai le.
④推測したり、ある面に着眼すること	看起来，要下雨。 Kànqilai, yào xiàyǔ. 听起来，我快要辣死了。 Tīngqilai, wǒ kuàiyào là sǐ le.

▶ 5．動詞表現：動詞の重ね型

| 想想 | xiǎngxiang | / | 看看 | kànkan |
| 听听 | tīngting | / | 等等 | děngdeng |

你等等！	Nǐ děngdeng！	你等一等！	Nǐ děngyiděng！
你等一下！	Nǐ děng yíxià！	你等一会儿！	Nǐ děng yíhuìr！

決まり文句

▶▶ 1．どうぞ〜〜してください。

请坐！	Qǐng zuò！	请进！	Qǐng jìn！	请喝茶！	Qǐng hē chá！
请慢用！	Qǐng màn yòng！	请慢走！	Qǐng màn zǒu！	请安静！	Qǐng ānjìng！

▶▶ 2．料理を注文する

我喝红茶。	Wǒ hē hóngchá.
我喝乌龙茶。	Wǒ hē wūlóngchá.
请给我菜单！	Qǐng gěi wǒ càidān！
服务员，点菜！	Fúwùyuán, diǎn cài！

▶▶ 3．まず〜を持ってきてください！

| 先来一壶茉莉花茶！ | Xiān lái yì hú mòlihuāchá！ |
| 先来两瓶啤酒！ | Xiān lái liǎng píng píjiǔ！ |

▶▶ 4．あまり詳しくない

| 不太熟悉！ | Bú tài shúxi！ |
| 不太知道！ | Bú tài zhīdào！ |

▶▶ 5．問題ない！

没(有)问题！ Méi(you) wèntí！	有问题！ Yǒu wèntí！

▶▶ 6．十分ですか？

够不够？ Gòu bu gòu? 够了吗？ Gòu le ma?	够了。 Gòu le . 不够。 Bú gòu .
好吃吗？ Hǎochī ma?	好吃。 Hǎochī .
吃饱了吗？ Chībǎo le ma?	吃饱了。／吃不饱。 Chībubǎo .
多吃点菜吧！ Duō chī diǎn cài ba!	谢谢！ Xièxie！

練習問題

▶▶▶ 1．入れ替え練習

1	你喝什么？ Nǐ hē shénme? ——我喝～。 Wǒ hē ～ .	①啤酒 ②白酒 ③咖啡 ④汽水 ⑤橙汁 píjiǔ báijiǔ kāfēi qìshuǐ chéngzhī ⑥桃汁 ⑦苹果汁 ⑧番茄汁 táozhī píngguǒzhī fānqiézhī ⑨玉米海鲜汤 ⑩八宝粥 Yùmǐ hǎixiāntāng bābǎozhōu
2	我想吃芝麻球！ Wǒ xiǎng chī Zhīmaqiú! ——我想吃～。 Wǒ xiǎng chī ～ .	①炒青菜 ②回锅肉 ③木须肉 Chǎo qīngcài Huíguōròu Mùxūròu ④涮羊肉 ⑤干烧虾仁 ⑥糖醋鱼 Shuàn yángròu Gānshāo xiārén Tángcùyú ⑦什锦炒面 Shíjǐn chǎomiàn
3	拿手菜是清真水饺。 Náshǒucài shì Qīngzhēn shuǐjiǎo. 拿手菜是～。 Náshǒucài shì ～	①北京烤鸭 ②螃蟹 Běijīng kǎoyā pángxiè ③东坡肉 ④麻婆豆腐 Dōngpōròu Mápó dòufu

▶▶▶ 　2．看菜单，你点菜吧！メニューを見て、注文してみよう！

< 饮料 >yǐnliào

【酒】jiǔ

啤酒	píjiǔ	黄酒	huángjiǔ	白酒	báijiǔ
（燕京啤酒）	Yānjīng píjiǔ	＝老酒	lǎojiǔ	（二锅头）	Èrguōtóu
（青岛啤酒）	Qīngdǎo píjiǔ	（绍兴酒）	Shàoxīngjiǔ	（茅台酒）	Máotáijiǔ
无醇啤酒	Wúchún píjiǔ	红酒	hóngjiǔ	桂花镇酒	Guìhuāzhènjiǔ
		＝葡萄酒	pútaojiǔ	糯米酒	nuòmǐjiǔ

【ソフトドリンク】

矿泉水	kuàngquánshuǐ	热咖啡	rè kāfēi	果汁	guǒzhī
汽水	qìshuǐ	冰咖啡	bīng kāfēi	（橙汁）	chéngzhī
（可口可乐）	Kěkǒu kělè	红茶	hóngchá	（苹果汁）	píngguǒzhī
（雪碧）	Xuěbì	牛奶	niúnǎi	豆浆	dòujiāng

【お茶】chá

绿茶	lǜchá	青茶	qīngchá	红茶	hóngchá
（龙井茶）	Lóngjǐngchá	＝乌龙茶	wūlóngchá	（祁门）	Qímén
花茶	huāchá	黑茶	hēichá	白茶	báichá
（茉莉花茶）	mòlihuāchá	（普洱茶）	pǔ'ěrchá	黄茶	huángchá
（菊花茶）	júhuāchá	工艺茶	gōngyìchá	（君山银针）	Jūnshānyínzhēn

< 菜 >cài

【前菜】qiáncài

冷菜拼盘	棒棒鸡	叉烧肉	皮蛋豆腐
Lěngcài pīnpán	Bàngbàngjī	Chāshāoròu	Pídàn dòufu

【主菜】zhǔcài

青椒肉丝	青椒牛肉丝	红烧肉	东坡肉
Qīngjiāo ròusī	Qīngjiāo niúròusī	Hóngshāoròu	Dōngpōròu
番茄炒蛋　　＝西红柿炒鸡蛋		土豆丝	回锅肉
Fānqié chǎodàn　Xīhóngshì chǎo jīdàn		Tǔdòusī	Huíguōròu
干烧虾仁	松鼠鱼	糖醋鱼	
Gāoshāo xiārén	Sōngshǔyú	Tángcùyú	

【主食】zhǔshí

什锦炒饭	扬州炒饭	米饭	水饺
Shíjǐn chǎofàn	Yángzhōu chǎofàn	mǐfàn	shuǐjiǎo
炒面	牛肉面	长寿面	馒头
Chǎomiàn	Niúròumiàn	Chángshòumiàn	mántou

【小吃】xiǎochī

馒头	肉包	菜包	豆沙包
mántou	ròubāo	càibāo	dòushābāo
小笼包	馄饨	春卷	烧卖
xiǎolóngbāo	húntun	chūnjuǎn	shāomài
油条	烧饼	粽子	八宝粥
yóutiáo	shāobǐng	zòngzi	bābǎozhōu

【甜食】tiánshí

| 杏仁豆腐 | 元宵 | 汤圆 | 芝麻球 |
| Xìngrén dòufu | Yuánxiāo | Tāngyuán | Zhīmaqiú |

★ さまざまな料理

京菜（北京料理） Jīngcài(Běijīng liàolǐ) （咸 xián）

| 京酱肉丝 | 北京烤鸭 | 涮羊肉 | 炸酱面 | 糖葫芦 |
| jīngjiàng ròusī | Běijīng kǎoyā | Shuànyángròu | Zhájiàngmiàn | Tánghúlu |

粤菜（广东菜） Yuècài（Guǎngdōngcài） （甜 tián）

| 咕咾肉 | 蚝油牛肉 | 马拉糕 |
| Gūlǎoròu | Háoyóu niúròu | Mǎlāgāo |

川菜（四川料理） Chuāncài (Sìchuānliàolǐ) （麻辣 málà）

| 麻婆豆腐 | 宫保鸡丁 | 口水鸡 | 辣子鸡丁 | 担担面 | 酸辣汤 |
| Mápó dòufu | Gōngbǎo jīdīng | Kǒushuǐjī | Làzi jīdīng | Dàndànmiàn | Suānlàtāng |

洋菜（洋食） Yángcài(Yángshí)

面包	比萨	沙拉	三明治	汉堡包
miànbāo	bǐsà	shālā	sānmíngzhì	hànbǎobāo
派	热狗	牛排	牛角包	吐司
pài	règǒu	niúpái	niújiǎobāo	tǔsī
果冻	布丁	蛋糕	冰淇淋	意大利面
guǒdòng	bùdīng	dàngāo	bīngqílín	yìdàlìmiàn

日本菜（日本食）　　　　　Rìběncài(Rìběnshí)

方便面 fāngbiànmiàn	寿司 shòusī	刺身 cìshēn	乌冬面 wūdōngmiàn
年饭 niánfàn	饭团 fàntuán	土豆肉末炸饼 tǔdòu ròumò zhábǐng	日式牛肉火锅 Rìshì niúròu huǒguō
天妇罗 tiānfūluó	纳豆 nàdòu	关东煮 guāndōngzhǔ	咖喱饭 gālífàn
章鱼小丸子 zhāngyú xiǎowánzi	烤鸡肉串 kǎo jīròu chuàn	鸡肉鸡蛋盖饭 jīròu jīdàn gàifàn	蛋包饭 dànbāofàn

<活动> 点菜

	服务员	客人
1	欢迎光临！　Huānyíng guānglín！ 几位？　　　Jǐ wèi？	三位。/ 三个人。
2	请坐，这是菜单。 你们喝什么饮料？	谢谢。 我们喝～～。
3	好的。	服务员，点菜！
4	～～怎么样？	不要了。
5	～～，好吗？	好！！
6	请慢用！	谢谢。
7	好的。 欢迎再来！ 请慢走！	服务员，结帐！ 服务员，买单！ 谢谢，再见！

第14課：旅行と試合

131	暑假，我去北海道！
132	羡慕你啊，你去过北海道吗？
133	还没有，我第一次去。
134	你怎么去？
135	去北海道的话，坐飞机， 或者坐新干线，对不对？
136	你有没有什么计划？
137	我打算去看棒球比赛， 想亲眼看。
138	昨晚我看了棒球比赛的电视 节目。
139	哪个队对哪个队？
140	日本国家队对台湾队， 3比1，赢了！

新出単語

暑假 shǔjià	名	夏休み
北海道 Běihǎidào	名	北海道
羡慕 xiànmù	動	羨ましい
过 guo	助	(過去の経験) ～したことがある。
第一次 dìyīcì		初めて
*怎么去？ zěnme qù?	句	(手段を尋ねる) どのように行くの？
*～的话 ～ de huà	助	(仮定・条件の句末に) ～ならば
坐 zuò	動	～に乗る
飞机 fēijī	名	飛行機
或者 huòzhě	接	あるいは、それとも
新干线 Xīngānxiàn	名	新幹線
对 duì	形	正しい、その通りだ
计划 jìhuà	名	計画
打算 dǎsuan	動	～するつもりだ ～する予定だ
棒球 bàngqiú	名	野球
比赛 bǐsài	名	試合
亲眼 qīnyǎn	副	自分の目で
昨晚 zuó wǎn	名	昨夜
电视 diànshì	名	テレビ

131	Shǔjià, wǒ qù Běihǎidào!
132	Xiànmù nǐ a, nǐ qùguo Běihǎidào ma?
133	Hái méiyǒu, wǒ dìyīcì qù.
134	Nǐ zěnme qù ?
135	Qù Běihǎidào de huà, zuò fēijī, huòzhě zuò Xīngānxiàn, duìbuduì?
136	Nǐ yǒu méiyǒu shénme jìhuà?
137	Wǒ dǎsuan qù kàn bàngqiú bǐsài, xiǎng qīnyǎn kàn!
138	Zuó wǎn wǒ kàn le bàngqiú bǐsài de diànshì jiémù.
139	Nǎ ge duì duì nǎ ge duì?
140	Rìběn guójiāduì duì Táiwānduì, sān bǐ yī, yíng le!

节目 jiémù	名	番組
哪个队 nǎ ge duì	名	どこのチーム
对 duì	名	対
日本国家队 Rìběn guójiāduì	名	日本ナショナルチーム
比 bǐ	動	(試合などの得点) ～対～
赢 yíng	動	勝つ

131	夏休みに、私は北海道に行くよ！
132	うらやましい、北海道に行ったことがありますか？
133	まだありません、初めて行きます。
134	どうやって行くの？
135	北海道に行くなら、飛行機か、あるいは新幹線、ですよね？
136	どんな計画がありますか？
137	野球の試合を見るつもり、この目で見てみたくて。
138	昨夜テレビ番組で野球の試合を見ました。
139	どこ対どこ？
140	日本のナショナルチーム対台湾チーム、3対1で、勝ちましたね。

Web 発音ガイド→
http://beijinghaorizi.net/

要 点

▶ 1．助詞：過去の経験をあらわす " 过 "guo

我在北京住过九个月。 Wǒ zài Běijīng zhùguo jiǔ ge yuè.
她去过一次美国。 Tā qùguo yí cì Měiguó.

▶ 2．数量詞 " 次 "cì

第一次　dì yī cì 第二次　dì èr cì 好几次　hǎo jǐ cì

決まり文句

▶▶ 1．成語

不到长城，非好汉！ Bú dào Chángchéng, fēi hǎohàn!
时间就是金钱。 Shíjiān jiùshì jīnqián.
疑心生暗鬼。 Yíxīn shēng ànguǐ.
五十步笑百步。 Wǔshí bù xiào bǎi bù.
狐假虎威。 Hú jiǎ hǔ wēi.

練習問題

▶▶▶ 1．入れ替え練習

1	A 的话，B 吧！ A de huà, B ba!	A ①春天　　②夏天　　③秋天　　④冬天 　　chūntiān　　xiàtiān　　qiūtiān　　dōngtiān 　　⑤春假　　⑥暑假　　⑦寒假 　　chūnjià　　shǔjià　　hánjià B　去看樱花　　／去游泳　　　／去爬山 　qù kàn yīnghuā　qù yóuyǒng　　　qù páshān 　去看红叶　　／去海边　　　／去滑雪（滑冰） 　qù kàn hóngyè　qù hǎibiān　　qù huáxuě(huábīng)
2	你去过中国的哪里？ Nǐ qùguo Zhōngguó de nǎli?	①（北京に一度だけ行ったことがある場合） ②（中国に何度も行ったことがある場合） ③（どこにも行ったことがない場合） ④（これまで一度も行ったことがない場合）

▶▶▶ 2．旅の計画

1	春假你想去哪儿?	春假我想去～～。
2	～～，你去过吗？	去过。 还没去过。
3	去过几次？	去过～次。
4	有什么计划？	打算看那里的名胜古迹。 　　Dǎsuan kàn nàli de míngshèng gǔjì. 想吃好吃的。　　　　Xiǎng chī hǎochī de. 想买土特产。　　　　Xiǎng mǎi tǔtèchǎn. 没什么计划，想休息。　Méi shénme jìhuà, xiǎng xiūxi. 想探亲。　　　　　　Xiǎng tànqīn.

基礎知識

★　いろいろな動詞

有 yǒu	/	在 zài
来 lái	/	去 qù
上 shàng	/	下 xià
哭 kū	/	笑 xiào

走 zǒu	/	跑 pǎo
吃 chī	/	喝 hē
买 mǎi	/	卖 mài
推 tuī	/	拉 lā

穿 chuān	/	脱 tuō
看 kàn	/	听 tīng
说 shuō	/	听 tīng
还 huán	/	借 jiè

说话	shuōhuà	/	说汉语	shuō Hànyǔ

（说～ shuō / 告诉～ gàosu / 念～ niàn / 读～ dú）

我给你。	Wǒ gěi nǐ.	/	你给我。	Nǐ gěi wǒ.
他借给我。	Tā jiègěi wǒ.	/	我还给他	Wǒ huángěi tā.
坐下	zuòxia	/	站起来！	Zhànqilai!
坐出租车	zuò chūzūchē			

（～飞机 fēijī / ～地铁 dìtiě / ～公共汽车 gōnggòng qìchē / ～船 chuán）

骑自行车	qí zìxíngchē	（～马 mǎ / ～摩托车 mótuōchē）
踢足球	tī zúqiú	/ 打棒球　　　dǎ bàngqiú
回	huí (回来 huílái / 回家 huíjiā / 回国 huíguó)	
提篮子	tí lánzi	/ 拿东西　　　ná dōngxi

第15課：北京市の地図

141	请问，图书馆怎么走，你知道吗？
142	我不认识路，你去问问别人吧！
143	你看，那儿有地图。
144	往前走，就到。
145	天安门在北京的北边吗？
146	不对，天安门在北京的中间。
147	天安门的右边是人民大会堂，左边呢？
148	中国国家博物馆。
149	春游时，先去故宫，然后去景山公园。
150	附近有北京饭店，我还没住过。

新出单语

词語	品詞	意味
＊请问 qǐng wèn	句	お尋ねします。
图书馆 túshūguǎn	名	図書館
走 zǒu	動	行く
知道 zhīdào	動	知る、分かる
路 lù	名	道
问问 wènwen	動	聞く、尋ねる
别人 biérén	名	別の人
地图 dìtú	名	地図
往 wǎng	前	～の方に
到 dào	動	到着する、到達する
天安门 Tiān'ānmén	名	天安門（故宮の城門の一つ）
在 zài	動	ある、いる
北京 Běijīng	名	北京
北边 běibiān	方	北の方、北のあたり
中间 zhōngjiān	名	中間、中心
右边 yòubiān	方	右の方、右のあたり
人民大会堂 Rénmín dàhuìtáng	名	人民大会堂
中国国家博物馆 Zhōngguó guójiā bówùguǎn	名	中国国家博物館

141	Qǐng wèn, túshūguǎn zěnme zǒu, nǐ zhīdào ma?
142	Wǒ bú rènshi lù, nǐ qù wènwen biérén ba!
143	Nǐ kàn, nàr yǒu dìtú.
144	Wǎng qián zǒu, jiù dào.
145	Tiān'ānmén zài Běijīng de běibiān ma?
146	Búduì, Tiān'ānmén zài Běijīng de zhōngjiān.
147	Tiān'ānmén de yòubiān shì Rénmín dàhuìtáng, zuǒbiān ne?
148	Zhōngguó guójiā bówùguǎn.
149	Chūnyóu shí,xiān qù Gùgōng, ránhòu qù Jǐngshān gōngyuán.
150	Fùjìn yǒu Běijīng fàndiàn, wǒ hái méi zhùguo.

春游 chūnyóu	名	春の遠足
先 xiān	副	まず〜、先に〜
故宫 Gùgōng	名	故宮
然后 ránhòu	接	そのあとで〜、
景山公园 Jǐngshān gōngyuán	名	景山公園
附近 fùjìn	方	付近、近く
北京饭店 Běijīng fàndiàn	名	北京飯店 （五つ星のホテル）
住 zhù	動	滞在する

141	すみません、図書館はどう行けばいいか、ご存知ですか？
142	道を知りません、ほかの人に聞いてください。
143	みて、あそこに地図がありますよ。
144	まっすぐ行けば、着きます。
145	天安門は北京の北のあたりですか？
146	違います、天安門は北京の中心にあります。
147	天安門の右手が人民大会堂ですが、左は？
148	国家博物館です。
149	春の遠足で、まず故宮に行って、それから景山公園に行きました。
150	近くに北京飯店がありますが、私はまだ泊まったことがありません。

Web 発音ガイド→
https://beijinghaoriizi.net/

要 点

▶ 1．前置詞 "往" wǎng

往前走。	往右拐。	往左拐。
Wǎng qián zǒu.	Wǎng yòu guǎi.	Wǎng zuǒ guǎi.

▶ 2．"先～，然后～" xiān ～, ránhòu ～

先去故宫，然后去景山公园。　Xiān qù Gùgōng, ránhòu qù Jǐngshān gōngyuán.

決まり文句

▶▶ 1．相手にお願いするときの言い方

请问！	请进！	请坐！
Qǐng wèn!	Qǐng jìn!	Qǐng zuò!
请里面去！	拜托你了！	
Qǐng lǐmiàn qù!	Bàituō nǐ le!	

▶▶ 2．しらない，わからない

知道了 ⇔ 不知道 ＞ 不太知道	清楚 ⇔ 不清楚 ＞ 不太清楚
zhīdao le　　bù zhīdào　　bú tài zhīdào	qīngchu　　　bù qīngchu　　bú tài qīngchu
熟悉 ⇔ 不太熟悉	认识 ⇔ 不认识
shúxi　　　bú tài shúxi	rènshi　　bú rènshi
了解 ⇔ 不了解 ＞ 不太了解	
liǎojiě　　bù liǎojiě　　bú tài liǎojiě	

▶▶ 3．来る⇔行く

你来了！	我回来了！	你回来了！
Nǐ lái le!	Wǒ huílai le!	Nǐ huílai le!
来来来！去去去！	我走了！	你走了！
Láiláilái! Qùqùqù!	Wǒ zǒu le!	Nǐ zǒu le!

▶▶ 　4．道順

一直走 yìzhí zǒu	过马路 guò mǎlù	顺着马路一直往东。 Shùnzhe mǎlù yìzhí wǎng dōng.
往前走 wǎng qián zǒu	过天桥 guò tiānqiáo	往南走 5 分钟就到了。 Wǎng nán zǒu wǔ fēnzhōng jiù dào le.
往右拐 wǎng yòu guǎi	往左拐 wǎng zuǒ guǎi	在那个十字路口往西拐。 Zài nàge shízìlùkǒu wǎng xī guǎi.

練習問題

▶▶▶▶ 　1．入れ替え練習

1	请～！ Qǐng ～！	①点菜　　／②喝茶　　／③慢走　　／④慢点儿说 diǎn cài　　／hē chá　　／màn zǒu　　／màndiǎnr shuō ⑤安静　／⑥多保重　　　　　／cf. 客 ānjìng　／duō bǎozhòng　　　　／kè
2	A 有一个 B。 A yǒu yí ge B.	A 小学北门右边儿　　　　／初中西门旁边 　　xiǎoxué běimén yòubiānr　／chūzhōng xīmén pángbiān 　／高中北门左边　　　　／我家附近 　／gāozhōng běimén zuǒbiān　／wǒ jiā fùjìn B 国际银行　　　　／博物馆　　　／美术馆 　　guójì yínháng　　／bówùguǎn　　／měishùguǎn 　／动物园　　　　／百货大楼　　／友谊宾馆 　／dòngwùyuán　　／bǎihuò dàlóu　／Yǒuyì Bīnguǎn

★ 　北京の観光名所 ── どんなところか調べてみよう！

万里长城 Wànlǐ Chángchéng	颐和园 Yíhéyuán	北京奥林匹克公园 Běijīng Àolínpǐkè Gōngyuán
北海公园 Běihǎi Gōngyuán	天坛公园 Tiāntán Gōngyuán	中国国家博物馆 Zhōngguó Guójiā Bówùguǎn
雍和宫 Yōnghégōng	后海 Hòuhǎi	鼓楼　／钟楼 Gǔlóu　／Zhōnglóu
故宫 Gùgōng	天安门 Tiān'ānmén	景山公园 Jǐngshān Gōngyuán
琉璃厂 Liúlíchǎng	前门大街 Qiánmén dàjiē	明十三陵　　　／神道 Míng Shísānlíng ／ Shéndào

基礎知識

★ 北京について

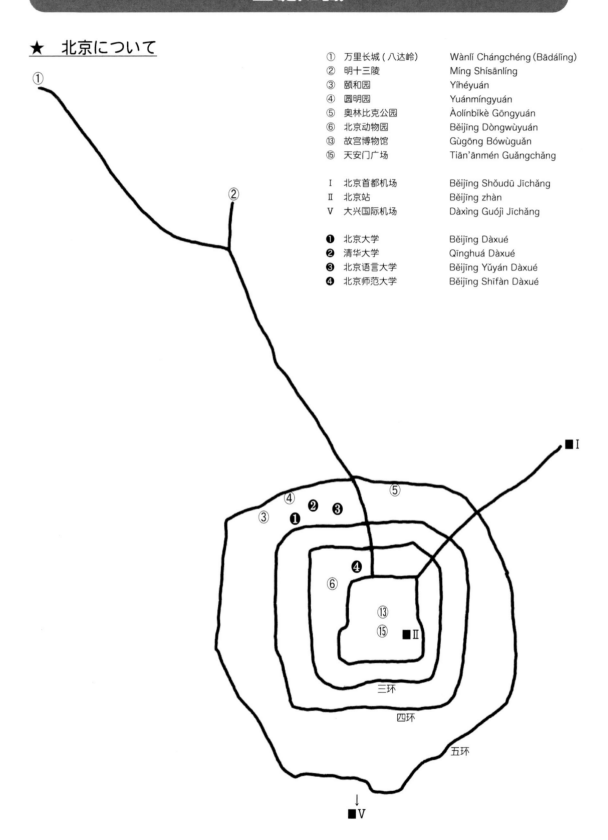

①	万里长城 (八达岭)	Wànlǐ Chángchéng (Bādálǐng)
②	明十三陵	Míng Shísānlíng
③	颐和园	Yíhéyuán
④	圆明园	Yuánmíngyuán
⑤	奥林比克公园	Àolínbǐkè Gōngyuán
⑥	北京动物园	Běijīng Dòngwùyuán
⑬	故宫博物馆	Gùgōng Bówùguǎn
⑮	天安门广场	Tiān'ānmén Guǎngchǎng
Ⅰ	北京首都机场	Běijīng Shǒudū Jīchǎng
Ⅱ	北京站	Běijīng zhàn
Ⅴ	大兴国际机场	Dàxìng Guójì Jīchǎng
❶	北京大学	Běijīng Dàxué
❷	清华大学	Qīnghuá Dàxué
❸	北京语言大学	Běijīng Yǔyán Dàxué
❹	北京师范大学	Běijīng Shīfàn Dàxué

三环

四环

五环

A 三里屯　　　　　　Sānlǐtún
B 王府井　　　　　　Wángfǔjǐng
C 西单　　　　　　　Xīdān
D 琉璃厂　　　　　　Liúlíchǎng
E 前门大街　　　　　Qiánmén Dàjiē
F 南锣鼓巷　　　　　Nánluó Gǔxiàng

Ⅰ　北京首都机场　　Běijīng Shǒudū Jīchǎng
Ⅱ　北京站　　　　　Běijīng zhàn
Ⅲ　北京南站　　　　Běijīng Nánzhàn
Ⅳ　西直门火车站　　Xīzhímén Huǒchēzhàn
Ⅴ　大兴国际机场　　Dàxìng Guójì Jīchǎng

❹　北京师范大学　　Běijīng Shīfàn Dàxué

⑥北京动物园　　　　　　Běijīng Dòngwùyuán
⑦什刹海（前海／后海）　Shíchàhǎi（Qiánhǎi ／ Hòuhǎi）
⑧北海公园　　　　　　　Běihǎi Gōngyuán
⑨鲁迅博物馆　　　　　　Lǔ Xùn Bówùguǎn
⑩雍和宫　　　　　　　　Yōnghéggōng
⑪鼓楼（钟楼）　　　　　Gǔlóu（Zhōnglóu）
⑫景山公园　　　　　　　Jǐngshān Gōngyuán
⑬故宫博物馆　　　　　　Gùgōng Bówùguǎn
⑭人民大会堂　　　　　　Rénmín Dàhuìtáng
⑮天安门广场　　　　　　Tiān'ānmén Guǎngchǎng
⑯中国革命博物馆　　　　Zhōngguó Gémìng Bówùguǎn
　中国历史博物馆　　　　Zhōngguó Lìshǐ Bówùguǎn
⑰天坛公园　　　　　　　Tiāntán Gōngyuán

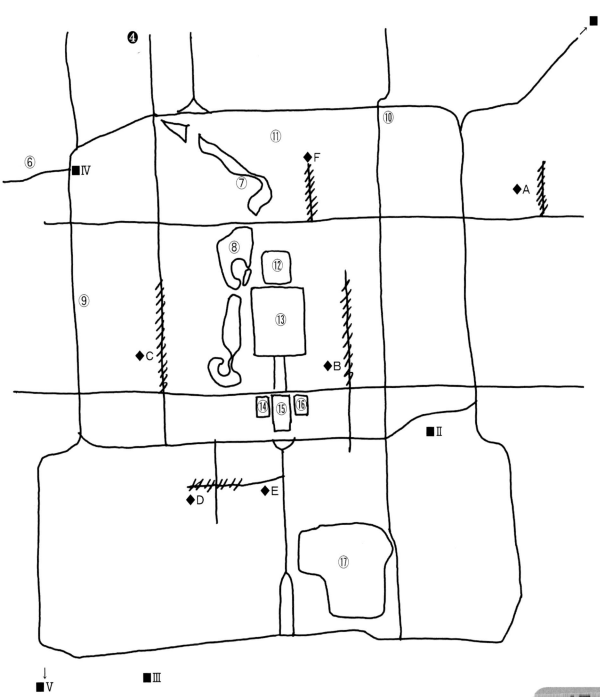

第16課：中国の伝統文化

151	今天有中国的传统文化课。
152	上次是传统音乐，吹了葫芦丝。
153	你会吹吗？我想听听！
154	我会一点儿。你听着啊！
155	吹得不错！你真厉害！
156	这次可能是太极拳吧。
157	我对太极拳很感兴趣！
158	联欢会时，师哥表演了相声！
159	"万事如意！笑口常开"，对不对？
160	我们的汉语提高得很快啊！

新出単語

传统 chuántǒng	名	伝統
文化 wénhuà	名	文化
课 kè	名	授業
上次 shàngcì	副	前回
音乐 yīnyuè	名	音楽
吹 chuī	動	吹く
葫芦丝 húlúsī	名	瓢箪笛
会 huì	助動	～できる
听 tīng	動	聞く
着 zhe	助	動作・行為が継続中「～している」
一点儿 yìdiǎnr	量	ちょっと
不错 búcuò	形	よい、素晴らしい
真 zhēn	副	実に、確かに
厉害 lìhai	形	すごい
这次 zhè cì	名	今回
可能 kěnéng	副	たぶん～だろう かもしれない
太极拳 tàijíquán	名	太極拳
感兴趣 gǎn xìngqu	句	興味がある 関心がある
联欢会 liánhuānhuì	名	歓迎会

151	Jīntiān yǒu Zhōngguó chuántǒng wénhuàkè.
152	Shàngcì shì chuántǒng yīnyuè, chuī le húlúsī.
153	Nǐ huì chuī ma? Wǒ xiǎng tīngting!
154	Wǒ huì yìdiǎnr. Nǐ tīngzhe a!
155	Chuī de búcuò! Nǐ zhēn lìhai!
156	Zhè cì kěnéng shì tàijíquán ba.
157	Wǒ duì tàijíquán hěn gǎn xìngqù!
158	Liánhuānhuì shí, shīgē biǎoyǎn le xiàngsheng!
159	"Wànshì rúyì! Xiàokǒu chángkāi", duìbuduì?
160	Wǒmen de Hànyǔ tígāo de hěn kuài a!

师哥 shīgē	名	男の先輩
表演 biǎoyǎn	動	演じる
相声 xiàngsheng	名	中国漫才
万事如意 wànshì rúyì	句	万事思いのままに。
笑口常开 xiàokǒu chángkāi	句	笑う門には福来る。
提高 tígāo	動	向上する レベルアップする
快 kuài	形	速い

151	今日、中国の伝統文化の授業があるね。
152	前回は伝統音楽で、瓢箪笛を吹きました。
153	吹けるの？聞いてみたい！
154	ちょっとできます。聞いててね。
155	なかなか上手ですよ！すごいなあ！
156	今回はたぶん太極拳です。
157	太極拳にとても興味があります。
158	歓迎会では、男の先輩が相声を発表しましたね。
159	「万事意のままに」「笑う門には福来る」だね？
160	中国語が上達するのが早いですね！

Web 発音ガイド→
https://beijinghaorizi.net/

要　点

▶ 1．補語①　様態補語

吹得不错。	Chuī de búcuò.
汉语提高得很快。	Hànyǔ tígāo de hěn kuài.
你走得特别快！	Nǐ zǒu de tèbié kuài!

▶ 2．補語②　結果補語

听懂了！	Tīngdǒng le.

▶ 3．補語③　方向補語

进来吧！	Jìnlai ba!

▶ 4．補語④　可能補語

听得懂吗？	Tīngdedǒng ma?
听不懂。	Tīngbudǒng.

コラム

★　中国の大学②　大学生活　いろいろ

　中国の大学は基本的に全寮制です。学内には生活に必要な施設が整っていて、まるで大学学内が一つの町のようです。学生寮は２段ベットの８人部屋が基本で、トイレ (厕所 cèsuǒ) とシャワールーム、洗面所、食堂 (食堂 shítáng) は別にあります。各個人の勉強スペースも限られているため、朝早くから学内のあちらこちらで勉強している学生の姿を見かけます。大きな大学では、各民族の学生に合わせた様々な食堂があります。小さな購買部 (小卖部 xiǎomàibù) からスーパー (超市 chāoshì)、コインランドリー、仕立て屋さんまであり、いくつかある運動場 (操场 cāochǎng) はいつも賑やかです。最近では、電動のシェア自転車が目立つようになりました。

中国全図

市省区名		略称	省都
黑龙江省	Hēilóngjiāngshěng	黑 Hēi	哈尔滨 Hā'ěrbīn
吉林省	Jílínshěng	吉 Jí	长春 Chángchūn
辽宁省	Liáoníngshěng	辽 Liáo	沈阳 Shěnyáng
北京市	Běijīngshì〔市〕	京 Jīng	—
天津市	Tiānjīnshì〔市〕	津 Jīn	—
内蒙古自治区	Nèiměnggǔ zìzhìqū〔自〕	蒙 Měng	呼和浩特 Hūhéhàotè
河北省	Héběishěng	冀 Jì	石家庄 Shíjiāzhuāng
山西省	Shānxīshěng	晋 Jìn	太原 Tàiyuán
上海市	Shànghǎishì〔市〕	沪 Hù	—
山东省	Shāndōngshěng	鲁 Lǔ	济南 Jǐnán
江苏省	Jiāngsūshěng	苏 Sū	南京 Nánjīng
浙江省	Zhèjiāngshěng	浙 Zhè	杭州 Hángzhōu
安徽省	Ānhuīshěng	皖 Wǎn	合肥 Héféi
江西省	Jiāngxīshěng	赣 Gàn	南昌 Nánchāng
河南省	Hénánshěng	豫 Yù	郑州 Zhèngzhōu
湖北省	Húběishěng	鄂 È	武汉 Wǔhàn
湖南省	Húnánshěng	湘 Xiāng	长沙 Chángshā
福建省	Fújiànshěng	闽 Mǐn	福州 Fúzhōu
海南省	Hǎinánshěng	琼 Qióng	海口 Hǎikǒu
广东省	Guǎngdōngshěng	粤 Yuè	广州 Guǎngzhōu
广西壮族自治区	Guǎngxī Zhuàngzú zìzhìqū〔自〕	桂 Guì	南宁 Nánníng
甘肃省	Gānsùshěng	甘 Gān	兰州 Lánzhōu
陕西省	Shǎnxīshěng	陕 Shǎn	西安 Xī'ān
青海省	Qīnghǎishěng	青 Qīng	西宁 Xīníng
新疆维吾尔自治区	Xīnjiāng Wéiwú'ěr zìzhìqū〔自〕	新 Xīn	乌鲁木齐 Wūlǔmùqí
宁夏回族自治区	Níngxià Huízú zìzhìqū〔自〕	宁 Níng	银川 Yínchuān
重庆市	Chóngqìngshì〔市〕	渝 Yú	—
四川省	Sìchuānshěng	川 Chuān	成都 Chéngdū
贵州省	Guìzhōushěng	贵 Guì	贵阳 Guìyáng
云南省	Yúnnánshěng	云 Yún	昆明 Kūnmíng
西藏自治区	Xīzàng zìzhìqū〔自〕	藏 Zàng	拉萨 Lāsà
香港	Xiānggǎng〔特〕	港 Gǎng	
澳门	Àomén〔特〕	澳 Ào	
台湾省	Táiwānshěng	台 Tái	台北 Táiběi

※〔市〕= 直辖市 zhíxiáshì
　〔自〕= 自治区 zìzhìqū
　〔特〕= 特别行政区 tèbié xíngzhèngqū
　台湾は、中国では台湾省としている。

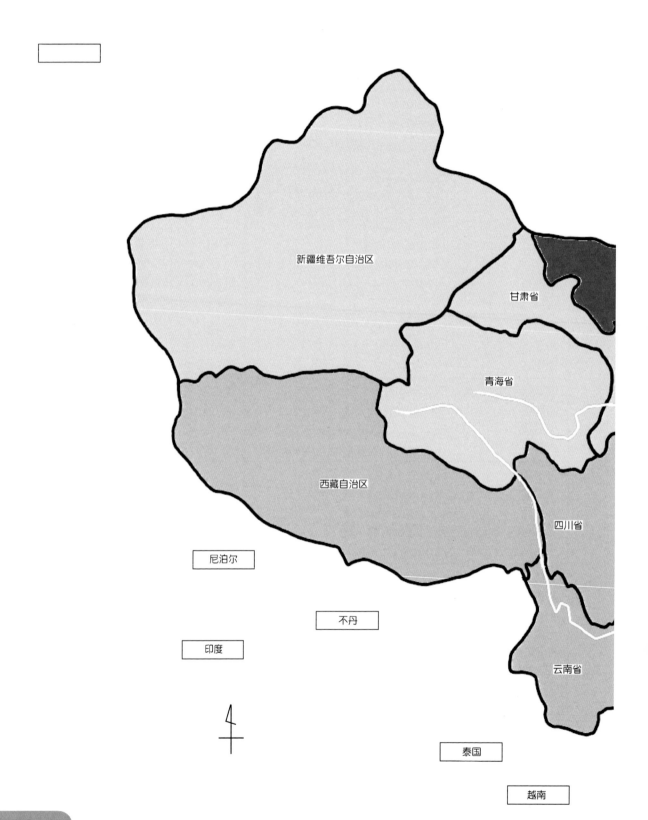

新疆维吾尔自治区

甘肃省

青海省

西藏自治区

四川省

尼泊尔

不丹

印度

云南省

泰国

越南

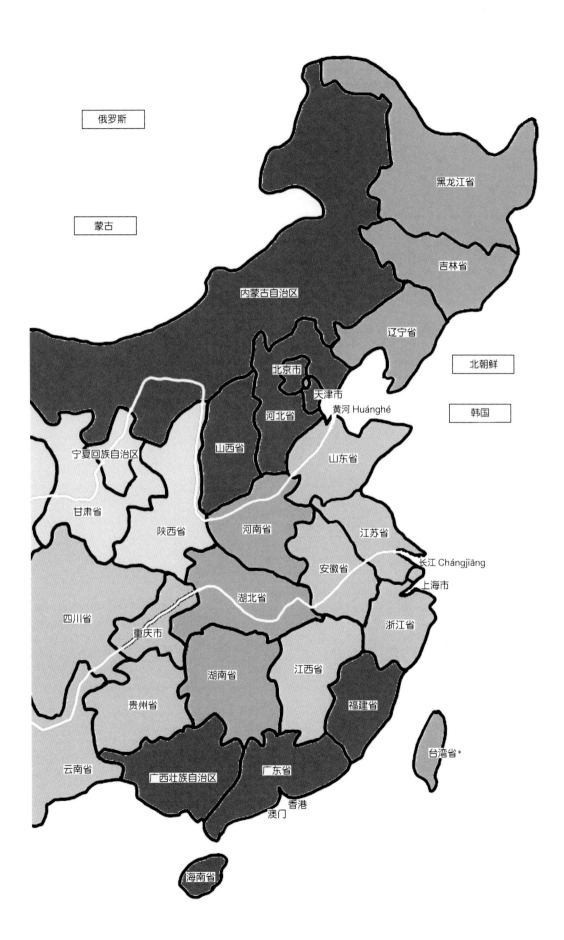

俄罗斯

蒙古

黑龙江省

吉林省

内蒙古自治区

辽宁省

北朝鲜

北京市

天津市

韩国

河北省

黄河 Huánghé

宁夏回族自治区

山西省

山东省

甘肃省

陕西省

河南省

江苏省

安徽省

长江 Chángjiāng

上海市

湖北省

浙江省

四川省

重庆市

湖南省

江西省

贵州省

福建省

云南省

台湾省*

广西壮族自治区

广东省

香港

澳门

海南省

ま と め

◇第1課◇　いろいろな挨拶

1	こんにちは！		＊	どうもありがとうございました。
＊	皆さんこんにちは！		4	どういたしまして！
＊	先生こんにちは！		5	すみません！
＊	学生の皆さんこんにちは！		6	平気ですよ！
＊	おはようございます！		7	ごめんなさい！
＊	こんばんは！		＊	本当にごめんなさい！
＊	おやすみなさい！		＊	誠に申し訳ございませんでした。
＊	あけましておめでとう！		＊	どうぞお許しください！
2	お元気ですか？		8	大丈夫です！
＊	元気です。		9	さようなら！
＊	まあまあ元気です。		＊	またあとで！
＊	元気ではありません。		＊	また明日！
＊	体の調子はいいですか？		＊	また来週！
＊	あなたのご両親二人ともお元気？		＊	気を付けてね！
3	ありがとう！		10	お知り合いになれてうれしいです。

◇第2課◇　名前・職業・国籍

11	はじめまして！		17	いいえ、彼は韓国人です。
12	先生、お名前は何とおっしゃいますか？		18	彼女はどこの国の人ですか？
＊	あなたの苗字は何ですか？		＊	彼女はドイツ人です。
13	あなたは何という名前ですか？		＊	あなたたちは皆アメリカ人ですか？
14	自分の名前を答える。		19	彼女は中国語を話せますか？
15	あなたは学生ですか？（"〜吗"形で）		＊	話せます。
＊	はい、私は高校生です。		＊	話せません。
＊	いいえ、私は先生です。		20	どうぞよろしく！
16	彼も日本人ですか？		＊	どうぞご教授ください。

◇第3課◇　代名詞と色

＊	これは何ですか？		21	これはあなたの教科書ですか？
＊	あれは何ですか？		＊	どの教科書があなたのですか？

22	私のではありません。
*	私のです。
23	それでは、あなたのは？
24	ここにあります。
*	どこにありますか？
25	あれはだれのノートですか？
26	どんな色の？

27	私の携帯電話は赤色のです。
28	あなたは青色が好きですか？
29	あまり好きではありません。
*	好きです。
*	好きではありません。
30	私はピンクが一番好きです。

◇第4課◇　出身地と地名

31	あなたたちはどこから来ましたか？
*	夏休みは明日から始まります。
*	ここから銀行までどうやって行きますか？
32	私達は日本の東京から来ました。
33	あなたの故郷はどこですか？
34	あなたに紹介します。
35	私の両親は今香港に住んでいます。
*	あなたは日本のどこに住んでいますか？
36	彼らは中国の長春で生まれました。
37	彼女達はアメリカのNYで育ちました。
38	あなたはどこに行きたいですか？

39	私はフランスのパリに行きたい！
*	私は台湾に留学したい。
*	私は小籠包が食べたい。
*	私は北京大学で中国語が勉強したい。
*	私は音楽が聴きたい。
*	私は映画を見たい。
*	私は本を読みたい。
40	遊びに来てね！
*	北京に来てね！
*	また来てね！
*	ようこそいらっしゃいませ！

◇第5課◇　家族の紹介

41	あなたは何人家族ですか？
42	私の家は五人家族です。
43	家族構成は？
44	私の家には父、母、二人の姉と私がいます。
45	あなたは兄弟がいますか？
*	います、私には兄が三人います。
46	いません、私は一人っ子です。
47	彼女達はいくつですか？
47	結婚していますか？
*	いくつですか？（小さい子に）

*	おいくつですか？（目上の人に）
*	私の息子はふたつです。
*	私は今年18歳です。
48	まだ結婚していません。
*	まだご飯食べていません。
*	まだ中国に行ったことがありません。
49	私の姉は二人とも大学生です。
*	私たちはみな高校三年生です。
50	上の姉は大学四年、下の姉は大学一年です。
*	彼女は中学何年生ですか？

◇第6課◇ ペットと干支

51	私は一匹猫を飼っていて、名前はミケです。		56	あなたは何年生まれですか？
52	あなたは何の動物を飼っていますか？		＊	二千何年生まれですか？
53	私の家には羊と猿、それから虎がいます。		57	2001年生まれです。
＊	私の家には動物はいません。		58	私と同じだ！
＊	あなたは何の動物が好きですか？		＊	私とは違います。
＊	私は動物が好きではありません。		＊	だれと同じ？
54	あなたの干支は何ですか？		59	それじゃ、あなたもヘビどし？
＊	私はウサギどしです。		60	道理で、私たち気が合うね！
55	わかりません。			

◇第7課◇ 誕生日

61	あなたの誕生日は何月何日ですか？		66	いいよ、どんな料理を食べるのが好き？
62	私の誕生日は9月6日、あなたは？		67	中華料理ですか？それとも日本料理？
63	今日は私の誕生日。		＊	洋食、それとも中華？
＊	今日は誰の誕生日？		＊	家庭料理、それとも宮廷料理？
64	お誕生日おめでとう！		＊	広東料理、それともフランス料理？
65	私と一緒にご飯を食べに行こうよ！		68	私はファストフードを食べるのが好き。
＊	一緒に買い物に行こう！		69	では、私たちはマクドナルドに行こう！
＊	一緒に彼に聞きに行こう！		70	今日私は用事があるから、来週の月曜日午後2時半で、いい？
＊	一緒に映画を見よう！			
＊	一緒に誕生日を過ごそう！		＊	～年～月～日は何曜日ですか？

◇第8課◇ 趣味の紹介

71	あなたは辛い物を食べるのが好き？		76	朝食はいつもパン、昼食はいつも麺類、夕食はその時々で。
＊	私は甘いものを食べるのが好きです。		77	中国のラーメンと日本のは違うよね？
72	私は辛すぎるものは食べられません。		78	よくご存じで。
73	野菜を食べるのが好き？それとも肉？		79	私の趣味は読書です、あなたは？
74	私は肉を食べるのが好きで、特にラムが大好物。		＊	あなたの趣味は何ですか？
＊	あなたは何の肉を食べるのが好き？		＊	私の趣味は音楽鑑賞です。
＊	野菜の中で、何が好き？		＊	私の趣味は映画鑑賞です。
75	あなたは普段ご飯を食べる？それとも麺？			

＊	私の趣味はダンスです。
＊	私の趣味は絵を描くことです。
80	私はサッカーファンです。
＊	テニスファンです。

＊	野球ファンです。
＊	バスケファンです。
＊	卓球ファンです。

◇第9課◇　学校生活

81	あなた達の中国語クラスにはどのくらいの学生がいますか？
＊	何名の先生がいらっしゃいますか？
＊	何人の外国人がいますか？
＊	何日間？
＊	1日は24時間
＊	何週間？
＊	1週間は7日間
＊	何か月？
＊	1か月は30日間
＊	何年間？
＊	1年は12か月
82	男子学生が多い、それとも女子学生が多い？
＊	何人の男子学生がいますか？
＊	男子学生は2人、女子学生は12人います。
83	全員日本人の学生ですか？
84	あなたの中国語の先生は中国人ですか？
＊	中国人の先生1人と日本人の先生が1人います。

85	あなたの家は学校から遠いですか？（反復疑問形で）
86	自転車に乗って登校しますか？
＊	どうやって登校してる？（登校手段）
＊	電車に乗って登校します。
＊	徒歩で登校します。
87	あなたは毎朝何時に起きますか？
＊	夜12時に寝ます。
＊	何時から勉強を始めますか？
88	週末にはあなたは何をしますか？
＊	今週末私は家にいます。
＊	来週末私は遊びに行きます。
89	いつ頃お休みですか？
90	日本の学校は何月に始まりますか？
＊	今は何時ですか？
＊	今は朝の4時15分です。
＊	今は夜の7時45分です。

◇第10課◇ 病気・病院

91	どうしたの？		97	病院には行きましたか？
91	元気ないみたい。		97	お医者さんはどういっていますか？
＊	どうしたらいいですか？		98	注射も薬もいらないって。
＊	この字はどのように読みますか？		＊	方法がない
＊	あなたの名前はどのように書きますか？		＊	つまらない
92	あまり調子がよくないの。		＊	間違いなし（その通り）
＊	調子がよくない		＊	大したことじゃない
93	どこが調子悪いの？		＊	何もない
94	頭痛、咳。		99	ゆっくり休む必要があるね。
＊	すごく痛い。		100	熱いお湯を沢山飲んで。
95	熱がありますか？		100	いっぱい服を着て。お大事に。
95	おなかはどのようですか？		＊	沢山練習する
96	熱はありません、		＊	たくさん聞いて沢山話す
96	ちょっとおなかを下しています。		＊	よくなってきました。
＊	頭がちょっと痛い。		＊	ずいぶんよくなりました。

◇第11課◇ 買い物

101	今日あなたが着ているワンピース、本当にきれい！		＊	あなたに特別サービスします！
＊	とてもきれい！		＊	３つ買うと１つおまけ！
＊	とても美しい！		＊	二割引き
＊	とってもいい！		＊	安くしてもらえますか？
＊	本当にかっこいい！		109	次は必ず連れて行って、いい？
102	どこで買ったものですか？		110	いいわよ！私達一緒に街ブラしましょ。
103	先週末原宿に行って、その時に買ったの。		＊	あなたは何が欲しいですか？
104	いくら？		＊	何色のが好きですか？
105	だいたい八千円くらい。		＊	いくつほしいですか？
106	すごく高い！値段交渉したの？		＊	どのように売っていますか？
107	そう？私は安いと思う！		＊	一ついくらですか？
＊	あなたはどう思いますか？		＊	これはいかがですか？
108	みて、このスタイルは今とっても流行で、しかもブランドもの。		＊	全部でおいくらですか？
			＊	あなたに〜渡します。
＊	大特価！		＊	おつりは〜です。

◇第12課◇　デートの約束

111	今週土曜日も中国語のクラスがあるの？	*	いつ頃から始めましたか？
112	ない、でも私は課外活動があります。	*	どこで活動していますか？
*	来週水曜日、授業がありますか？	*	あなたのレベルはいかがですか？
113	どんな活動があるの？	115	それじゃあ、週末にも練習があるの？
113	補習クラスですか？	116	ある時はある。けれども来週はないよ。
114	いいえ。私は学校のバレー部に参加していて、毎週五日間活動があります。	117	よかった！私達デートしない、どう？
*	何のスポーツが好きですか？	118	いいよ！横浜中華街、行ったことある？
*	Aですか、それともBですか？（スポーツ）	119	そこに行くんだったら、何線の電車に乗る？
*	するのとみるのとどちらが好きですか？	120	私も知らないから、ちょっと調べてみてよ！

◇第13課◇　食事

121	ようこそいらっしませ。	125	他に何かいりますか？
121	何名様ですか？	126	あなた注文して、四川料理よく知らないから。
122	こちらがメニューです。ご注文をどうぞ、何を飲みますか？	127	いいよ。では、〜
*	どうぞお座りください！	128	聞いただけで、辛すぎて倒れそう！もうちょっと考えてみて！
*	どうぞお入りください！	129	〜、どうですか？
*	お茶をどうぞ！	130	それじゃあ、〜いりません。
*	どうぞごゆっくり！	130	得意料理は何ですか？
*	どうぞお気を付けてお帰り下さい！	*	十分ですか？
*	店員さん、注文します！	*	おいしいですか？
123	まずワイン一本持ってきて、あなた飲めますか？	*	おなかいっぱいですか？
124	飲めません、私にコーラをください。	*	いっぱい食べてくださいね！
125	かしこまりました。	*	またのご来店をお待ちしております。

◇第14課◇　旅行と試合

131	夏休み、私は北海道に行くよ！
132	うらやましいな、北海道に行ったことがあるの？
133	まだないの、初めていくよ。
＊	一度行ったことがある。
＊	二度行ったことがある。
＊	何度も行ったことがある。
134	どうやっていくの？
135	北海道に行くなら、飛行機か、あるいは新幹線に乗るか、だよね？
＊	春ならば、桜を見に行こう。

＊	夏ならば、泳ぎに行こう。
＊	秋ならば、紅葉を見に行こう。
＊	冬休みならば、スキーに行こう。
136	どんな計画があるの？
137	野球の試合を見るつもり、この目で見てみたくて。
138	昨晩野球の試合のテレビ番組を見たよ。
139	どこ対どこ？
140	日本のナショナルチーム対台湾チーム、3対1で勝ったよ！！

◇第15課◇　北京市の地図

141	すみません、図書館はどうやって行くか、ご存知ですか？
142	道を知りません、他の方に聞いてみてください。
143	ほら、あそこに地図がありますよ。
144	まっすぐ行けば、すぐにつく。
145	天安門は北京の北側ですか？
146	ちがいます、天安門は北京の中央。

147	天安門の右側には人民大会堂がありますが、左側は？
148	国家博物館です。
149	春の遠足で、まず故宮に行って、それから景山公園に行きました。
150	近くに北京飯店がありますが、私はまだ泊まったことがありません。

◇第16課◇　中国の伝統文化

151	今日、中国の伝統文化の授業があるね。
152	前回は伝統音楽で、瓢箪笛を吹きました。
153	吹けるの？聞いてみたい！
154	ちょっとできます。
155	なかなか上手ですよ！すごいなあ！

156	今回はたぶん太極拳です。
157	太極拳にとても興味があります。
158	歓迎会では、男の先輩が相声を発表しましたね。
159	「万事意のままに」「笑う門には福来る」だね？
160	中国語が上達するのが早いですね！

文化讲座 Wénhuà Jiǎngzuò

◇烹饪实习 pēngrèn shíxí ◇　中华料理 Zhōnghuá liàolǐ（点心 diǎnxīn）
　一起做肉包子吧！ Yìqǐ zuò ròubāozi ba!

○材料 cáiliào ○面团 miàntuán

①	低筋面粉　dījīn miànfěn	1 公斤　gōngjīn（kg）
②	酵母粉　jiàomǔfěn	5 小勺　xiǎosháo
③	砂糖　shātáng	5 大勺　dàsháo
④	盐　yán	一撮　yìcuō
⑤	油（沙拉油 shālāyóu）	5 大勺
⑥	温水　wēnshuǐ	550ml

○材料　○馅 xiàn

❶	猪肉　zhūròu	400g	
❷	大葱　dàcōng	5 根　gēn	
❸	芝麻油　zhīmáyóu	2 大勺　dàsháo	
❹	胡椒　hújiāo	适量　shìliàng	
❺	酒　jiǔ	3 大勺	
❻	姜汁　jiāngzhī	3 大勺	
❼	酱油　jiàngyóu	5 大勺	
❽	蚝油　háoyóu	2 大勺	

○做法　○面团

1. 用长筷子将①低筋面粉②酵母粉③砂糖④盐，混合在一起
2. 将 30 多度的⑥温水，分 3 至 4 回加入 1，每次都用筷子搅拌
3. 当面粉抱团之后揉面
4. 当面团全部成团时，加⑤油　揉进面团里
5. 当面团表面如婴儿肌肤般光滑时，把它弄成圆形
6. 将拧干的湿毛巾盖在面团上，进行第一次发酵
　（夏天室温内静置 30 分钟，冬天一个小时）
7. 当面团变成发酵前体积的两倍大时，第一次发酵成功
8. 将面团定形，然后再蒸笼中放 20 到 30 分钟，进行第二次发酵（大一圈）

○做法　○馅

1. 将❶猪肉和调料❹❺❻❼❽，混合（每次加调料时都用筷子搅拌）
2. 加入❷大葱，搅拌
3. 加入❸芝麻油，搅拌

○烹饪工具 pēngrèn gōngjù

1	盆子　pánzi	个 ge
2	长筷子　chángkuàizi	双 shuāng
3	量杯　liàngbēi	个
4	量勺　liàngsháo	个
5	菜刀　càidāo	个
6	菜板　càibǎn	个
7	蒸笼　zhēnglóng	个
8	厨房纸　chúfangzhǐ	

9	保鲜膜　bǎoxiānmó	
10	布子　bùzi	块 kuài
11	盘子（大／小）　pánzi	
12	筷子　kuàizi	双
13	茶壶　cháhú	个
14	水壶　shuǐhú	个
15	茶杯　chábēi	个
16	擀面杖　gǎnmiànzhàng	

著　者　　　木村 奈津子 (Mùcūn Nàijīnzǐ)

編集協力　　　范　文玲 (Fàn Wénlíng)

中国語初級テキスト『北京好日子』

2018 年 4 月 1 日　初版発行
2024 年 4 月 1 日　改訂 6 刷発行

● ● ●

発行者／佐藤和幸
発行所／（株）白帝社
〒 171-0014 豊島区池袋 2-65-1
電話 03-3986-3271　FAX 03-3986-3272
https://www.hakuteisha.co.jp